外国人がいつ来ても大丈夫！
とっさに使える カンタン 接客英会話

店員さんの決まり文句 400

佐野なおこ 著

Jリサーチ出版

はじめに

外国人のお客様に もっと身近な日本を体験してほしい

　ここ数年スマートフォンの発達により、日本のあらゆる場所や食べ物が世界中に発信されるようになりました。その影響か、高級な宿泊施設・レストランよりも、ビジネスホテルや民宿、商業施設、商店街を利用する外国人のお客様が増えてきました。ラーメン、牛丼、うどんはもちろん、駅弁や和菓子を求めるお客様までいます。新幹線や特急、高速バスも積極的に利用し、地方へ出向かれています。

　日本人と同じように日本を楽しみたいお客様が増えるのは嬉しいことです。しかし、接客・サービス業で働く皆さまの中には、英語での接客ノウハウを得にくい環境にあり、ご苦労をなさっている方も多いのではないかと考えました。そのような方のために力になりたいと思い、この本を書かせていただきました。

発音フリガナでその場ですぐ言える

　英語初心者の方でも取り組みやすいように、この本の全ての英語フレーズには英語の音に近いフリガナを振っています。例えば、「朝」を表す morning は、日本語では「モーニング」ですが、英語では「モーニン(グ)」。最後の「グ」は英語では、ほとんど聞こえない音なのです。発音に関しては、14 ページの「顔の筋肉を使いましょう」のコラムも参考にしてみてください。

　この本を使って効果的に学習するには、まず自分に必要なフレーズを聞いて、音読、筆写して覚えます。音読時は 1 フレーズをひと続きで読むようにします。英文のリズムに慣れると聞き取りが出来るようになります。フレーズを覚えたら、お仕事の場で積極的に使ってくださいね。

　接客の英会話は、お客様との会話の回数を増やすことで磨かれていきます。この本を大いに利用して「通じる経験」を重ねていってください。お客様と少しずつ英語で会話していくうちに、失敗を恐れないチャレンジ精神も自然とついてくるのです。

著者

CONTENTS

2 —— はじめに

10 —— 本書の構成

12 —— 接客時のポイント

第1章　店員さんの基本フレーズ

18	UNIT 1	お迎えの挨拶	こんにちは。
20	UNIT 2	飲食店のお迎え	何名様でしょうか？
22	UNIT 3	誘導	こちらが最後尾です。
24	UNIT 4	待ってもらう	お待たせいたしました。
26	UNIT 5	お困りのお客様へ	何かお探しですか？
28	UNIT 6	お礼	ありがとうございます。
30	UNIT 7	お礼の返答	どういたしまして。
32	UNIT 8	聞き取れない	もう一度おっしゃっていただけますか？
34	UNIT 9	気遣い・最終案内	失礼いたします。
36	UNIT 10	あいづち	わかります。
38	UNIT 11	雑談	楽しまれましたか？
40	UNIT 12	天気	今日はお天気のいい日ですね。
42	UNIT 13	お見送り	行ってらっしゃいませ。
44	UNIT 14	体の不自由な方へ①	お手伝いは必要でしょうか？
46	UNIT 15	体の不自由な方へ②	歩き始めますがよろしいですか？

48 —— 覚えておこう！　①日付・階数

50 —— 覚えておこう！　②時間・時刻

第2章　会計

52	UNIT 16	レジへ案内	レジはあちらです。
54	UNIT 17	現金払い	○○円のお返しとレシートです。
56	UNIT 18	カード払い	主なカードを受け付けています。
58	UNIT 19	両替	両替機はあちらです。
60	UNIT 20	チップ・税・サービス料	サービス料10％と税が含まれています。
62	UNIT 21	値引き・交渉	値引きしますよ。
64	UNIT 22	トラブル	規約により払い戻しはできません。

66 —— 覚えておこう！　③お金

第3章　商品購入

68	UNIT 23	使い方	このように使います。
70	UNIT 24	質	洗濯機で洗えます。
72	UNIT 25	色	こちらが黒です。
74	UNIT 26	形	長いものがよろしいですか？
76	UNIT 27	サイズ・量	Sサイズがよろしいですか？
78	UNIT 28	試着・試用・試食	どうぞお試しください。

5

80	UNIT 29	在庫確認	ただいま在庫を確認してまいります。
82	UNIT 30	包装	別々にお包みしますか？
84	UNIT 31	クレーム	レシートはお持ちですか？

86 —— 物品に関する単語

第4章　サービス利用

94	UNIT 32	予約確認	ご予約はされていらっしゃいますか？
96	UNIT 33	席へ案内	喫煙席、禁煙席どちらをご希望ですか？
98	UNIT 34	メニューの説明	こちらがメニューです。
100	UNIT 35	アレルギー	食物アレルギーはありますか？
102	UNIT 36	宗教等による制限	ベジタリアンメニューがございます。
104	UNIT 37	食べ方	このように麺をつゆにつけて食べてください。
106	UNIT 38	飲食店の券売機	こちらでチケットを買ってください。
108	UNIT 39	飲料・施設の自販機	タオルもここで買えます。
110	UNIT 40	セルフサービス	お席を先に確保の上、ご注文ください。
112	UNIT 41	ゴミ分別	ここは燃えるゴミです。
114	UNIT 42	レンタル契約	何時間のご利用ですか？
116	UNIT 43	電化製品修理	修理には3週間必要です。
118	UNIT 44	配送	配送は有料です。
120	UNIT 45	宅配	送る物をこちらに詳細に書いてください。

122	UNIT 46	郵便	航空便で最大20kgです。
124	UNIT 47	送付条件確認	この中に危険物は入っていますか？
126	UNIT 48	飲食店トラブル	ただいま作り直しています。
128	料理に関する単語		

第5章　問い合わせ

132	UNIT 49	お客様の感謝	お越しいただき本当にありがとうございました。
134	UNIT 50	場所①お手洗い	あの角を曲がったところです。
136	UNIT 51	場所②サービス	この近くにコインランドリーがありますよ。
138	UNIT 52	場所③お土産	デパートで売っていますよ。
140	UNIT 53	場所④レストラン	うどんのレストランをおすすめします。
142	UNIT 54	購入場所	この近くにスーパーがございます。
144	UNIT 55	道案内①	この建物の向かい側にありますよ。
146	UNIT 56	道案内②地図	ここが現在地です。
148	UNIT 57	道案内③観光地	この通りをまっすぐ行ったところですよ。
150	UNIT 58	電車①行き方	横浜で乗り換えてください。
152	UNIT 59	電車②切符購入	「切符」ボタンを押して、指示に従ってください。
154	UNIT 60	電車③予約	お席の空き状況を確認します。
156	UNIT 61	路線バス	5番のバスへどうぞ。
158	UNIT 62	高速バス予約	ドライバーに現金でお支払いください。

CONTENTS

160	UNIT 63	電話①予約	何時に何名様でしょうか？
162	UNIT 64	電話②予約	お名前とご連絡先をお伺いしてもよろしいですか？
164	UNIT 65	電話③取次ぐ	担当者におつなぎします。
166	UNIT 66	営業時間	閉館は18時、最終入館は17時半です。
168	UNIT 67	WiFi・SIMカード	パスワードを差し上げます。
170	UNIT 68	荷物預かり	中にお金や貴重品は入っていませんか？
172	交通・ホテルに関する単語		

第6章　注意

176	UNIT 69	喫煙	ここでの喫煙はできません。
178	UNIT 70	写真撮影	フラッシュは使わないでください。
180	UNIT 71	騒音・飲食など	ここでのお食事はできません。
182	UNIT 72	禁止事項	お風呂にはタオルを入れないようにお願いします。
184	覚えておこう！　④月・曜日		

第7章　緊急

186	UNIT 73	急病人への声かけ	大丈夫ですか？
188	UNIT 74	薬の服用法	食事前に2錠飲んでください。
190	UNIT 75	落し物	バッグの特徴を教えてください。
192	UNIT 76	忘れ物	テーブルにお財布をお忘れになったようです。

194	UNIT 77	迷子	どんな息子さんか教えていただけますか？
196	UNIT 78	地震・津波	窓から離れてください。
198	UNIT 79	大雨・台風	外出は控えたほうがいいですよ。
200	UNIT 80	火災	私についてきてください。

202 ── キーワード索引

本書の構成

この本は英語での接客シーンで使う基本的なフレーズを集めたものです。
できるだけシンプルな短いフレーズを集めています。

> フレーズ。各ユニット5フレーズずつ収録しています。第5章の問い合わせシーンのみ、お客様とのダイアローグ形式になっています。

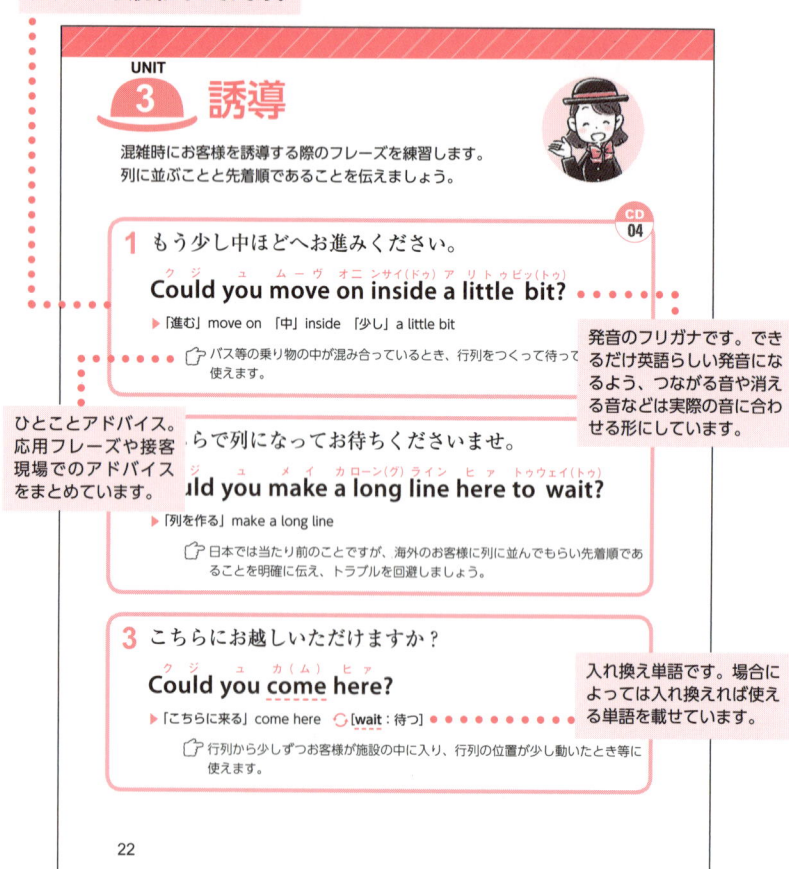

UNIT 3 誘導

混雑時にお客様を誘導する際のフレーズを練習します。
列に並ぶことと先着順であることを伝えましょう。

1 もう少し中ほどへお進みください。 (CD 04)

クジュ ムーヴ オニンサイ(ドゥ) ア リトゥビッ(トゥ)
Could you move on inside a little bit?

▶「進む」move on 「中」inside 「少し」a little bit

☞ バス等の乗り物の中が混み合っているとき、行列をつくって待っててもらうときに使えます。

> 発音のフリガナです。できるだけ英語らしい発音になるよう、つながる音や消える音などは実際の音に合わせる形にしています。

> ひとことアドバイス。応用フレーズや接客現場でのアドバイスをまとめています。

2 こちらで列になってお待ちくださいませ。

クジュ メイ カローン(グ)ライン ヒァ トゥウェイ(トゥ)
Could you make a long line here to wait?

▶「列を作る」make a long line

☞ 日本では当たり前のことですが、海外のお客様に列に並んでもらい先着順であることを明確に伝え、トラブルを回避しましょう。

3 こちらにお越しいただけますか？

クジュ カ(ム) ヒァ
Could you come here?

▶「こちらに来る」come here ○[wait：待つ]

> 入れ換え単語です。場合によっては入れ換えれば使える単語を載せています。

☞ 行列から少しずつお客様が施設の中に入り、行列の位置が少し動いたとき等に使えます。

22

10

こんなところも使える！

1 目次とキーワード索引

　覚えていれば便利なフレーズばかりですが、最初から全部覚えるというのはなかなか難しいと思います。特に自分に必要なフレーズだけ知りたい、という人もいるはず。
　本書では、販売や注文などそれぞれの接客シーンの目的別にフレーズを知りたい場合には目次から引いてもらい、「駅」や「値段」など自分が知りたいフレーズに入ってそうなキーワードは巻末の索引から調べることができます。学習中、あるいは実際の接客現場でも、知りたいときに活用してください。

2 ダイアローグ形式の第5章問い合わせ

　基本的には各ユニットでは店員さんのフレーズ5つを紹介しています。ただ、「〜はどこにありますか？」「〜にはどうやって行けますか？」など、お客様からいろいろと聞かれることも多いですよね。第5章の問い合わせでは、そういったお客様からの質問に応対できるよう、お客様と店員さんのフレーズをダイアローグ形式でまとめたものになっています。お客様の要望が聞き取れるように、CDを使って聞き取りの練習にも役立ててください。

3 単語

　「物品に関する単語」「飲食に関する単語」「交通・ホテルに関する単語」をそれぞれ集めました。単語を知っていればどうにかなることも多いのでチェックしておけば安心です。それぞれの単語を使うときに、使えるフレーズも入れ換えフレーズとして紹介しています。

4 CD

　CDには全400フレーズと単語を「日本語→英語」の順で収録しています。店員さんのフレーズはゆっくりとしたスピードになっていますので、音を確認してできれば同じぐらいのスピードで喋れるように練習してください。お客様のフレーズは比較的ナチュラルスピードに近い形で録音しています。聞き取り練習に役立てて、実際の問い合わせに応対できるようにしてください。

11

接客時のポイント

① 笑顔が大事

　「接客・サービス業では笑顔が大事」ということは何度も耳にしていると思います。ではなぜ大切なのか、それを知るためにちょっとしたゲームをやってみてください。

　家族、友人、同僚でも構いませんので、2人ペアになってください。片方の人（Aさん）が目をつぶり、相手の声を聞く役になります。もう片方の人（Bさん）は、「ありがとうございます」を1回目は口角を上げずに、2回目は口角をグッと上げて最高の笑顔で言ってください。
　Aさん、1回目と2回目では、どちらがありがたく聞こえましたか？ Bさん、どちらを言って気持ち良かったですか？

笑顔を交えながらの丁寧な立ち居振る舞い、相手に配慮した心遣いは、相手を大切に思い、認める行為です。同時にその土地・職場・働く人の良い印象が伝わります。

　外国人のお客様の多くは、国境を接する国や地域に住んでいます。笑顔で目を合わせることは敵ではないという意味もあります。**言葉が通じにくい相手だからこそ、笑顔は大切**なのです。

　お客様は、**流暢な英語で話してくれることよりも、大切にしてもらえたことに感謝**してください。目が合ったときに笑顔で会釈をするだけでも、違う国のお客様とあたたかい関係を築けるのです。

2 顔の筋肉を使いましょう

　私は、過去に英語の他、タイ語、フランス語を学んだ経験から、学び始めの段階では耳が慣れていないためCD通りの発音を真似することはとても難しいと考えています。各言語には日本語にない発音が多いからです。でも、その言語の発音に**必要な筋肉を動かすこと**で、発音がしやすくなっていきます。

　英語初心者の皆さまがすぐにできるトレーニングをざっくりとご紹介します。英語全体に言えることですが、**発音時には笑ったときのように口角を上げておいて**ください。極端に言うと日本語を話すときは口角が下がっています。英語では真逆の動きを行います。口角が上がっていると、まず数字のfourやsevenなどFやVのつく単語の英語らしい音が、とても楽に出せるようになります。

　次に日本人が苦手と言われる**R**と**L**の区別、**TH**についてです。**R**の発音時、舌は上あごにつかず、唇に力が入ります。例えば、「お手洗い」を表すrestroomのrestは、小さく「ウ」の口を作って唇を横に引っ張りreの音を出します。roomは唇を前に突き出して発音します。**L**の発音時、舌は上あごについています。**TH**については、舌を前歯の間に挟んで「スー」と出してみてください。「ス」でも「ツ」でもない音、これが**TH**の音です。Th**a**nkのように**Th**で始まる単語の場合、**Th**を発音したらすぐ中に舌を引っ込めてください。seven**th**（7番目）のように、

14

thが単語の最後にあるときは前歯で舌を挟んだまま言い終えます。

　接客・サービス業は、お客様のお話を聞いてサービスや商品を提供する仕事。聞ける力を磨くには、発音の練習をひたすら繰り返すことです。

　英語の発音を知ると、映画や歌でも英語の聞こえ方が変わってきます。日々口や舌の筋肉を使って英語の筋トレを行い、「聞く・伝える」楽しみを増やしていってください。

3　ネイティブ英語でなくても大丈夫

「この本の付属CDだってネイティブスピーカーによる録音なのに、何ということを！」と思われる方もいると思います。タイ語はタイ人、フランス語はフランス人のように、英語以外の言語の本でも、その言語を話すネイティブスピーカーによる録音が行われていると思います。CDなどで言語の基本的な音を聞き慣れておくことは必要です。

　私もそうですが、日本生まれで中学校から英語を習った人は、英語を話す時に**日本語なまりが出て当然**です。接客の場では、英米人だけでなく様々な国や地域のお客様がいらっしゃいます。英米人のように気の利いた言い回しやきれいすぎる発音でスピーディーに話しても、相手に理解されないこともあるのです。

大切なのは、目の前のお客様が分かるように伝えること。**自分が楽に言える表現や単語を用いて、ゆっくりはっきり伝えましょう。**ネイティブ、すなわち英米人の英語にとらわれ過ぎているとそれがプレッシャーとなり、発言をはばんでしまうかもしれません。そうなっては大切な商売ができなくなってしまいませんか？

　私は「日本人らしい英語」こそ、海外からのお客様を「ああ、日本に来ているのだなあ」というほのぼのとした気持ちにさせるものだと思います。お国なまりの英語でのサービスこそ素敵であると、タイ人のホテルスタッフから教えていただきました。

第**1**章

店員さんの基本フレーズ

お迎えやお見送りの挨拶など本当に基本のものから、誘導するときや待ってもらうときなど、ちょっとした声かけのフレーズです。まずはここだけでもさっと確認しておきましょう。

UNIT 1 お迎えの挨拶

頬の筋肉を思いっきり上げて、
お客様と出会えた喜びを声に出しましょう。

1 おはようございます。

グ(ドゥ) モーニン(グ)
Good morning.

英語では「素敵な朝ですね」という意味です。朝の挨拶は、12時頃まで。

2 こんにちは、お客様。

グダ フタヌーン サー
Good afternoon, sir.

「素敵な午後ですね」という挨拶。午後の挨拶は、お昼から夕方あたりまでです。sir は男性のお客様にお声かけする時に使います。

3 こんばんは、お客様。

グ ディーヴニン(グ) マダー(ム)
Good evening, madam.

「素敵な夜ですね」という挨拶で、夕方から夜にかけて使います。madam は女性のお客様にお声かけする時に。

店員さんの基本フレーズ

4 おはようございます。東京へようこそ。

グ(ドゥ) モーニン(グ) ウエゥカ(ム) トゥ トゥキョウ
Good morning. Welcome to Tokyo.

▶ 「～へようこそ」Welcome to ～

🔄 [<u>our restaurant</u>：当レストラン] [<u>our shop</u>：当店]

☞ Welcome の後には必ず to を入れます。

5 はじめまして。

プレジャー トゥ ミー(トゥ) ユー
Pleasure to meet you.

☞ 接客現場での使用頻度は少ないですが、自己紹介をするシーンで使えます。Nice to meet you. よりも丁寧で、お客様や目上の方に対して使うのにふさわしい表現です。pleasure は「喜び、楽しみ」という意味です。

✏️ お役立ちメモ

様々な国や地域から来られるお客様との出会い。あなたの職場だからこそ味わえる貴重な機会です。この機会を素敵なものにするために、頬の筋肉をグッと上げてみましょう。すると、自然と笑顔になります。笑顔いっぱいの心地よい雰囲気の中で発せられる挨拶の言葉はお客様の緊張をほぐします。同時にあなた自身が幸せな気分になり、第一印象も良くなります。感じの良い第一印象をお客様に与えられれば、その後の会話がしやすくなります。親しい人同士に使う Hi. や Hello. 等のくだけた挨拶ではなく、お客様に失礼のない挨拶を学びましょう。

UNIT 2 飲食店のお迎え

あなたの働くお店で良いひとときを過ごしてもらえるよう、感謝を込めてお迎えしましょう。

---

1 こんにちは。何名様でしょうか？

グダ フタヌーン ハゥ メニィ ピーポゥ
Good afternoon. How many people?

▶「何名様」How many〜？

☞ How many 〜？は数えられるものの数を聞く場合に使います。How や What 等の5W2Hの疑問文は、最後のイントネーションを下げて言います。

---

2 こんばんは。ご予約を承っておりますか？

グ ディーヴニン(グ) ドゥ ユ ヘァヴァ レザベイシャ(ヌ)
Good evening. Do you have a reservation?

▶「予約」reservation

☞ ご予約の有無を伺う時のお決まりフレーズとして身につけましょう。

---

3 お名前をお伺いしてもよろしいですか？

メイ アイ ヘァヴ ユァ ネイ(ム) プリー(ズ)
May I have your name, please?

☞ 短く言うときは、Your name, please? のみでも OK です。What's your name? は「名前、何?」のような印象。お客様に対してはふさわしくありません。

20

店員さんの基本フレーズ

4 大変申し訳ございません。ただいま満席です。

ウィアー ソウ ソゥリー アゥァ テイボゥザ― フゥ ナゥ
We're so sorry, our tables are full now.

▶ 「満席」Our tables are full. 「ただいま」now

☞ 予約なしでご来店のお客様に、満席時のご案内もできるようになりましょう。

5 10分程お待ちいただけますか？

クジュ ウェイ(トゥ)ファ アバウ(トゥ) テン ミニッ(ツ)
Could you wait for about ten minutes?

▶ 「程」about

☞ 依頼文は Could you wait ～? とします。Please wait ～. を使うと多少「命令・指示」の意味合いが出ます。

📝 お役立ちメモ

　　数ある飲食店の中からあなたの勤めるお店を選んで来てくださるなんてとっても嬉しいですよね。UNIT1にも書いたように頬の筋肉を上げて、お客様を歓迎しましょう。ここでは、お席に通す前に必ず行う、人数や予約内容の確認と、お客様にお待ちいただく際に気遣うフレーズを練習します。お名前を伺うときに What's your name?、混雑時にお待ちいただくときに Please wait～. は使用を避けましょう。いずれも正しい英語ですが、各フレーズの所に理由を書きましたので、接客会話では使い方に注意が必要です。

UNIT 3 誘導

混雑時にお客様を誘導する際のフレーズを練習します。
列に並ぶことと先着順であることを伝えましょう。

1 もう少し中ほどへお進みください。

Could you move on inside a little bit?
（クジュ ムーヴ オニンサイ(ドゥ) ア リトゥビッ(トゥ)）

▶「進む」move on 「中」inside 「少し」a little bit

☞ バス等の乗り物の中が混み合っているとき、行列をつくって待っているときに使えます。

2 こちらで列になってお待ちくださいませ。

Could you make a long line here to wait?
（クジュ メイ カローン(グ) ライン ヒァ トゥウェイ(トゥ)）

▶「列を作る」make a long line

☞ 日本では当たり前のことですが、海外のお客様に列に並んでもらい先着順であることを明確に伝え、トラブルを回避しましょう。

3 こちらにお越しいただけますか？

Could you come here?
（クジュ カ(ム) ヒァ）

▶「こちらに来る」come here ↻ [wait：待つ]

☞ 行列から少しずつお客様が施設の中に入り、行列の位置が少し動いたとき等に使えます。

店員さんの基本フレーズ

4 こちらが最後尾です。

ディ スィー(ズ) ディ エンド ヴ ダ ライン(ヌ)
This is the end of the line.

▶「最後尾」the end of the line

> 行列のあるところには必ず日本語で表示がありますが、英語でも伝えられるようにしておきましょう。

5 どうぞこちらにおかけになってお待ちください。

ヘヴ ァスィー(トゥ) ヒ ァ トゥウェイ(トゥ) プリー(ズ)
Have a seat here to wait, please.

▶「座る」have a seat

> お客様に対し Sit down, please. は使用禁止。上→下への物言いや飼い主→飼い犬への表現です。

✏️ お役立ちメモ

お店やテーマパーク、美術館、博物館、水族館、コンサートホール等の文化施設によっては、混雑時お客様にお待ちいただくようお願いするシーンも多く出てきます。ここではそのような施設でお客様に列をつくってお待ちいただいているとき、バス等の乗り物が混んでいるときの誘導のフレーズを練習します。誘導があいまいだと、お客様の待たされ感が大きくなりストレスを与えてしまいます。誘導時のポイントはこまめに誘導の言葉を出し、動きがある様子を伝えることです。繁忙期に向けて備えましょう。

UNIT 4 待ってもらう

お待たせするときの表現は時と場合によりいろいろな表現があります。

1 少々お待ちくださいませ。

One moment, please.
ワン モゥモメン(トゥ) プリー(ズ)

▶「瞬間、少しの間」moment

☞ 一番簡単な言い方です。

2 少しお待ちいただけますか？

Wait a moment, please.
ウェイ タ モゥメン(トゥ) プリー(ズ)

▶「待つ」wait

☞ Wait a moment. のみだとぶっきらぼうな印象があるので、please を最後につけてやわらかく表現しましょう。

3 お待ちくださいませ。

Hold on, please.
ホーゥド ン プリー(ズ)

▶「電話を切らずに待つ」hold on

☞ 電話の場合のみに使います。

店員さんの基本フレーズ

4 お待たせいたしました。

Thank you for waiting.
テェン キ ュー ファ ウェイティン(グ)

▶「〜してくださりありがとうございます」Thank you for 〜 ing.

☞ 直訳すると「待ってくださり、ありがとうございます」ですが、少しお待ちいただいた後に使えます。

5 長い間お待たせして申し訳ございません。

We're sorry to keep you waiting.
ウィァー ソゥリィ トゥ キー(プ) ユー ウェイティン(グ)

▶「長い間、しばらくの間〜する」keep〜 ing

☞ 4よりも明らかに長くお待たせしてしまったときに伝えましょう。

🖉 お役立ちメモ

　お客様からのお問い合わせにはすぐにパッと答えたいものですが、内容によっては、確認に時間を必要とする場合もあります。その間お待ちいただくときの表現と、お待ちいただいた後の表現も練習します。少しの間と長い時間お待たせした場合とでは言葉のかけ方が異なります。電話シーンには切らずにお待ちいただくHold on.という表現があります。いずれもそんなに長いフレーズではないので、何度も繰り返して自分のものにしてしまいましょう。

UNIT 5 お困りのお客様へ

お客様が困っている様子のときにさっと言えるフレーズを練習します。

1 お手伝いいたしましょうか？

メイ アイ ヘゥ(プ) ユー
May I help you?

▶「～しましょうか？」May I～?

☞ 「いらっしゃいませ」とよく訳されますが、本来の意味は少し違います。
お客様がカウンターに見えたとき等、気軽にお手伝いを申し出る際に使えます。

2 お手伝いいたしましょうか？

ウ ジュ ライ(ク) ミー トゥ ヘゥ(プ) ユー
Would you like me to help you?

▶「私に～してほしいですか？」Would you like me to～?

☞ お手伝いが必要かどうか、改まって聞くときに使えます。

3 お客様、手荷物をお持ちしましょう。

レッ(トゥ) ミー ヘゥ(プ) ユ ウィ(ドゥ) ュァ ラゲッ(ジ) サー
Let me help you with your luggage, sir.

▶「手荷物」luggage

☞ Let me help. は、「私にお手伝いさせてください」という積極的な表現です。

26

店員さんの基本フレーズ

4 お客様、何かお探しですか？

ア　ユ　ルッキン　ファ　サムティン　マダ(ム)
Are you looking for something, madam?

▶「探す」look for

☞ Are you looking for~? の for の後に探している物を入れます。

5 お手伝いが必要でしたらおっしゃってください。

プリーズ　テ　ラスイ(フ)ユー　ニーダ　ゥァ　ヘゥ(プ)
Please tell us if you need our help.

▶「言う」tell 「必要である」need 「私たちの手伝い」our help

☞ このような気遣いの一声をかけると、お客様が安心します。

🖉 お役立ちメモ

　カウンター接客の店員さんも、フロア接客の店員さんも使える、お手伝いを申し出る際のフレーズです。カウンターにお客様が来られたとき、お客様が大きな荷物を抱えているときや何か商品を探しているようなとき、何と言ってお手伝いしたらよいか分からない方も多いと思います。まずは May I help you? から覚え、徐々に「手荷物をお持ちしましょう」、「何かお探しですか？」へとステップアップしていってください。if you need our help「お手伝いが必要でしたら」（日本語だと「何かありましたら」）も当たり前のように英語で言えたらいいですね。

UNIT 6 お礼

お客様に対する感謝のメッセージをいろいろな表現で練習しましょう。

---

1 ありがとうございます。

テェンキ ュー
Thank you.

☞ thank は元々「感謝する」、「ありがたいと思う」という意味です。肩の力を抜いて舌先で軽く「テェ」という音を出してみてください。

---

2 お客様、どうもありがとうございます。

テェンキ ュー ヴェリ マッ(チ) マダー(ム)
Thank you very much, madam.

▶「本当に、どうも」very much

☞ 本当にありがたいとき、感謝の気持ちを声に出してくださいね。

---

3 本日はお越しいただき誠にありがとうございます。

テェンキ ュー ヴェリ マッ(チ) ファ カミン(グ) トゥデイ
Thank you very much for coming today.

▶「〜してくださり誠にありがとうございます」Thank you very much for 〜ing.

☞ ご予約のお客様に改めて伝えると喜ばれます。

28

店員さんの基本フレーズ

4 お手伝いくださり誠にありがとうございます。

テェンキ ュー ヴェリ マッ(チ) ファ ユァ ヘゥ(プ)
Thank you very much for your help.

▶「お手伝い」help

　3と同様「Thank you very much for ～」の文ですが、for の後に名詞を入れても使えます。

5 ご協力ありがとうございます。

アイ アプリーシエイ(トゥ) ユァ ヘゥ(プ) サー
I appreciate your help, sir.

▶「感謝します」appreciate

　Thank you very much. よりも感謝の度合いが大きいときに使います。appreciate の後には for をつけません。

✎ お役立ちメモ

接客のお仕事は Thank you. を何度も言いますね。ついつい「サンキュー」になりがちですが、th の発音を練習してきれいに言えるようにしましょう。鏡で自分の口を見たとき舌先が唇の真下に来ているのを確認してください。その口で肩の力を抜いて Thank you. というと英語の発音に近づきます。th の発音は元々日本語にないので、最初は出来なくて当然です。気長に慣れていってください。Thank you. よりも深い感謝を表す表現も練習しておくと、サービスの幅が広がります。

UNIT 7 お礼の返答

お客様から「ありがとう」と言われたときの返答の表現を練習します。

1 どういたしまして。

You're welcome.
ユァ ウェゥカ(ム)

☞ welcome は元々「歓迎する」、「嬉しい」といった意味が含まれています。一般的によく使われています。

2 どういたしまして。

My pleasure.
マイ プレジャー

▶「喜び、楽しみ」pleasure

☞「(お手伝いさせていただいたことは) 私の喜びです」と言う意味。スタッフ個人が感謝された際の返答です。

3 どういたしまして。

It's our pleasure.
イッツ アゥァ プレジャー

☞ 私の「my」に対し、弊社・当店等、その職場、組織、団体を表す「our」。Our pleasure. のみでも可。「(お手伝いさせていただいたことは) 当店にとっての喜びです」と言う意味。職場として感謝された際の返答です。

店員さんの基本フレーズ

4 お客様、どうかお気遣いなく。

ユー　ドン(トゥ)　ヘァ(フ)　トゥ　ウォリィ　サー
You don't have to worry, sir.

▶「〜する必要ないですよ」you don't have to〜　「心配する、気遣う」worry

☞ もしも、お客様から感謝の気持ちとして何かをいただいてしまった場合に使えます。

5 お客様、気にしないでください。

ノゥ　ブローゥブレ(ム)　マダー(ム)
No problem, madam.

▶「問題ないですよ」No problem.

☞ 飲み物をこぼしたり、商品を落としてしまったお客様から「ごめんなさい。ありがとう」と言われた際の返答に使えます。4も、もちろん使えます。

✏️ お役立ちメモ

　日本語で「どういたしまして」という表現は最近あまり聞かれませんが、英語ではお礼の返答の表現によく使います。You're welcome. がよく知られているようですが、こればかり使うよりは相手の出方で言葉を変えるのもサービスの一つです。お決まりフレーズを覚えることから始めて、慣れてきたら少しずつ「お気遣いなく」のような表現も声に出していきましょう。以前の勤務先でお菓子をくださるお客様がいて、「お気遣いさせて申し訳ない」という気持ちを表したくて You don't have to worry. という表現を使っていました。国を超えて心の交流ができる瞬間に幸せを感じますね。

UNIT 8 聞き取れない

遠慮は無用！トラブルを避けるためにもお客様の言っていることを聞き返す練習をしましょう。

1 もう一度おっしゃっていただけますか？

イクスキュー(ズ)ミー
Excuse me? ↗

👉 この「Excuse me?」は語尾が上がります。謝罪の表現 Sorry も同様に Sorry? と発音して語尾が上がると「もう一度おっしゃってください」になります。

2 もう一度おっしゃっていただけますか？

パードゥン ミー
Pardon me?

▶「許す、容赦する」pardon

👉 Pardon? のみでも通じますが、me を入れるとより丁寧な印象を与えます。

3 もう一度繰り返していただけますか？

クジュ リピー ダッ タゲン プリー(ズ)
Could you repeat that again, please?

▶「もう一度繰り返す」repeat again

👉 Excuse me? や Pardon me? を何度も言うより、表現を変えるほうが話を聞いているという印象を与えます。

店員さんの基本フレーズ

4 ゆっくり話していただけますか？

クジュ スピー(ク) スロウリィ プリー(ズ)
Could you speak slowly, please?

▶「ゆっくり話す」speak slowly

☞ お客様の中には早口の方もいます。ゆっくり話してもらいたいときに使いましょう。

5 ここに書いていただけますか？

クジュ ライトゥ ヒァ プリー(ズ)
Could you write here, please?

▶「ここに書く」write here

☞ 何度聞いても分からない場合、書いていただくのも一つの手段です。

✏ お役立ちメモ

　私も18年間日本とタイで接客の仕事に就いてきましたが、言語を問わず、聞くことは話すことよりも難しいと感じます。話すときは自分の知っている表現を使いますが、聞くときは自分の聞き慣れない表現を耳にします。お客様の中には物事をはっきり伝える習慣のない人もいます。喧噪や騒音により、会話が遮られることも多々あります。トラブルを避けるためにも、分からないことははっきりと聞き返しましょう。聞き返しの表現を使い、お客様のお話を聞く訓練をすれば次第に聞く力はついてきます。

UNIT 9 気遣い・最終案内

お客様に対して失礼にならないお声かけの練習です。

---

1 すみません。

イクスキュー(ズ)ミー
Excuse me.

☞ excuse は本来「許す」の意味があります。
定番のフレーズです。

---

2 お客様、失礼いたします。

イクスキュー(ズ)ミー サー
Excuse me, sir.

☞ Excuse me. は、「失礼いたします」としても使われます。ある特定の男性のお客様にお声かけするときは、sir をつけると伝わりやすいです。

---

3 お客様、お邪魔いたします。

ソゥリィ トゥ バダァ ユー マダー(ム)
Sorry to bother you, madam.

▶「邪魔する」bother 「〜して申し訳ございません」Sorry to〜

☞ 展示物を観覧中、書類を閲覧中、写真を撮影中、会議中、部屋でお休み中等のお客様に声をかけるときのお決まりフレーズ。

店員さんの基本フレーズ

4 失礼いたします。ただいまラストオーダーのお時間でございます。

イクスキュー(ズ)ミー　ナゥ　イズ　ダ　ラスト　ゥダァ
Excuse me. Now is the last order.

▶「ラストオーダー」last order

　飲食店では必須のフレーズです。

5 すみません、最終入館時間を過ぎてしまいました。

アイ(ム)ソゥリィー　ダ　ラスト　エントリー　タイ(ム)　ヘァ(ズ)　パァスト　ーゥレディ
I'm sorry, the last entry time has passed already.

▶「最終入館」last entry

　博物館・美術館・水族館等で、最終入館時間後に突然いらしたお客様に伝えるフレーズです。

✏️ お役立ちメモ

　お客様にお声をかける際、日本語でも英語でも「すみません」、「失礼いたします」という表現から始まります。これにあたる英語は Excuse me. ですが、状況によってはお声かけの際言葉を選ぶ必要も出てきます。お客様は日本での滞在中、観光地で写真を撮ったり、美術館・博物館等で展示を眺めたり、お食事をしたり、自分の宿泊部屋でお休みになったりしています。自分だけの時間に没頭している中お時間を割くわけですから、「お邪魔いたします」と言った表現も学んで、気遣いのできるスタッフを目指しましょう。

UNIT 10 あいづち

英語でもあいづちや共感の姿勢を示せると、
話を聞いているという安心感を与えることができます。

---

1 はい。

イェ(ス)
Yes.

☞ 日本語でのあいづち「はい」、「ええ」のように英語は yes を使います。お客様の前では「uh-huh」や「Yeah」は避けましょう。かなりくだけた表現です。

---

2 わかります。

アイ アンダーステェン(ドゥ)
I understand.

▶「理解する」understand

☞ 相手の言っていることや気持ちがよく分かり、共感するときに使います。

---

3 本当によかったですね。

ヴェリ ナイ(ス)
Very nice.

▶「よかった」nice

☞ 楽しかったこと、幸せそうな話を聞いたときの簡単なあいづちの表現です。

36

店員さんの基本フレーズ

4 そうと伺ってとても残念です。

ソゥ ソゥリィ トゥ ヒァ ダァッ(トゥ)
So sorry to hear that.

▶「残念」sorry 「聞く」hear　⟳ [glad：嬉しい] [happy：幸せな]

　☞ お客様のお話を聞いて共感の気持ちを示すのにふさわしい表現です。

5 恐ろしいですね、信じ難いです。

イッツ テリボゥ エン(ドゥ)ハー(ドゥ) トゥ ビリー(ヴ)
It's terrible and hard to believe.

▶「恐ろしい」terrible 「信じ難い」hard to believe　⟳ [unbelievable：信じられない]

　☞ 不快な話、怖い話を聞いたとき等に使う表現です。両方ではなく、どちらか片方だけ言ってもOKです。

✏️ お役立ちメモ

　聞くことは話すことよりも難しいです。あいづちの際出した言葉によって相手に不快な印象を与えてしまうこともあります。お客様のお話には常に共感の姿勢で耳を傾けたいですね。ここでは、英語でも覚えておくとよいあいづちや共感を示す言葉を練習しましょう。国や地域を超えても、人間として楽しい、悲しい、不快だと思うことは一緒です。接客業は聞く仕事なので、まずこのUNITの表現を覚え、お客様との会話を積み重ね、表現を広げていってください。

UNIT 11 雑談

たまには挨拶にプラスして、お客様がどんな風に日本を楽しまれているかを聞いてみましょう。

1 楽しまれましたか？

ディジ ユー エンジョイ ユァセゥ(フ)
Did you enjoy yourself?

▶「楽しむ」enjoy

☞ enjoy の後に your meal（お食事）、your stay（ご滞在）、your day（一日）も入れることができます。your を入れることで「お客様の」という意味になります。

2 日本の食べ物はいかがですか？

ウワッ(トゥ)ドゥ ユー ティン コヴ ダ フー ディン ジャペァーン
What do you think of the food in Japan?

▶「～はいかがですか？」what do you think～？　「日本の食べ物」food in Japan

☞ Japan のところに「Okinawa」等あなたの住む・勤務する地域名を入れて、ぜひ聞いてみてください。

3 いいお土産、見つかりましたか？

ディジ ユー ファイン(ドゥ)エニィ ナイ(ス) スーヴェニァ(ズ)
Did you find any nice souvenirs?

▶「見つける」find　「お土産」souvenir

☞ お土産の入った袋を持って歩いているようなお客様に「こんにちは」の後、聞いてみてもいいですね。

店員さんの基本フレーズ

4 お寺へは行きましたか？

Did you go to the temple?
（ディジュー ゴゥトゥ ダ テンポゥ）

▶「お寺」temple

  ☞ the temple のところに場所名を入れれば簡単に「〜に行きましたか？」という質問ができます。

5 いかがでしたか？

How was it?
（ハゥ ワズ ィッ(トゥ)）

▶「どう、いかが」how

  ☞ 4の後に続けて聞くと、会話がふくらみますね。

📝 お役立ちメモ

　お客様との雑談も接客仕事の楽しみの一つですね。雑談によってお客様の必要としていること、何が好きか、日本をどんな風に楽しまれているかが分かるときがあります。ホテル勤務の頃、自分が行き先を案内したお客様が戻って来られた際 Did you enjoy yourself? 等とよく聞きました。「楽しかった」と言われると、自分の案内したことに自信が持てたりするものです。ここでは、お客様の心境を聞き出せるフレーズを練習します。お客様が嬉しくてたくさんお話ししてくれる場合は、あたたかく見守れば十分です。返答できなかったと落ち込む必要はありません。

UNIT 12 天気

四季がはっきりとしている日本は天気も様々。
天気に合わせた会話で気遣いの心を示しましょう。

---

1 今日はすごくお天気のいい日ですね。

イッツァ ビューティフォウ サニー デイ トゥデイ
It's a beautiful sunny day today.

▶「晴れ」sunny

☞ お天気がよく気持ちがいい様子を「beautiful」で表します。

---

2 今日の午後雨が降るらしいですよ。傘は持っていますか？

イットゥビー レイニィ ディス アフタヌーン ドゥ ユー ヘァヴ ァ
It'll be rainy this afternoon. Do you have an
ナンブレラ
umbrella?

▶「雨降りの」rainy 「傘」umbrella

☞ 雨が降りそうなときに、お客様が濡れて風邪を引かないようセットで聞けるといいですね。

---

3 今日は曇っていて風がとても強いです。お気をつけて。

トゥディ イッツ クラウディエン(ドゥ) ウィンディ ソウ ビー ケァフォウ
Today, it's cloudy and windy, so be careful.

▶「曇りの」cloudy 「風が強い」windy 「気を付けて」careful

☞ 風の強い日に使ってみましょう。be careful はやさしく言えば気遣いの印象が出ます。

40

店員さんの基本フレーズ

4 今晩台風が接近します。ホテルにいたほうがいいですよ。

ア　タイフーン　イズ　カミン(グ)　トゥナイ(トゥ)　ベタァ　トゥ　ステイ
A typhoon is coming tonight, better to stay
ン　ダ　ホゥテゥ
in the hotel.

▶ 「台風」typhoon　「〜したほうがよい」better to〜　🔄 [**here**：ここ]

> 台風が接近しているとき、このフレーズで安全に過ごしてもらうようにしましょう。in the hotel の代わりに、here（ここ）と言ってもOK。

5 昨日は大雪でした。今日は電車が遅れています。

ウィーヘァ(ドゥ)　ヘヴィ　スノゥ　イエスタディ　ソゥ　トレインズ　ァー
We had heavy snow yesterday, so, trains are
ディレイ(ドゥ)　トゥデイ
delayed today.

▶ 「大雪」heavy snow　「（交通機関が）遅れる」be delayed　🔄 [**rain**：雨]

> 天気のことを話すとき「We have[had] + 天気」で表します。

📝 お役立ちメモ

　日本は四季がはっきりしています。それ故季節の変わり目は天気がとても変わりやすいです。加えて大雨、台風等自然災害の多い国。天気予報をチェックして雨具等の備えをするよう、お客様にもおすすめしたいですね。都市部等電車やバスの交通網が発達している地域では、大雨、台風の影響で大幅な遅れもあります。ここでは主に旅館や民宿等のスタッフの方はもちろん、お店等でもお客様の会話に添えるとよい、天気に関するフレーズを練習します。

UNIT 13 お見送り

ご利用いただいたお客様に感謝を込めて、
気持ちよく送り出しましょう。

---

1 行ってらっしゃいませ。

Have a nice day.
ヘァヴァ ナイス デイ

▶「素敵な」nice 　◯ [evening：夜]

👉 英語本来の意味は、「素敵な1日でありますように」です。お店を出るときはもちろん、チケット窓口等で会計後お客様を見送る際に使うこともできます。

---

2 行ってらっしゃいませ。

Have a nice trip.
ヘァヴァ ナイス トリッ(プ)

▶「旅」trip 　◯ [flight：フライト]

👉 英語本来の意味は、「旅が素晴らしいものでありますように」。「道中お気をつけて」の意味も込められています。

---

3 さようなら。

Good bye, sir.
グ(ドゥ) バイ サー

👉 bye-bye は親しい者同士のくだけた表現なので、お客様の前では避けましょう。

店員さんの基本フレーズ

4 おやすみなさいませ。

グ(ドゥ) ナイ(トゥ) マダー(ム)
Good night, madam.

☞ 英語本来の意味は「素敵な夜でありますように」です。

5 またお会いできますように。

ホゥプ トゥ スィー ユー アゲイン
Hope to see you again.

▶「望む」hope 「また、再度」again

☞ 親しくなったお客様に言って差し上げると、お手伝いしたことが味わい深い思い出になりますね。

📝 お役立ちメモ

　お店を出る、宿泊先へお休みに戻る、次の目的地に旅立つ…など、状況によってお見送りの言葉は変わってきます。お見送りはとても大切な瞬間で、そのときの印象がそのまま日本やそのお店での思い出になってしまいます。どんなに忙しくても頬の筋肉を上げて、ご利用いただいたお客様には感謝を込めて送り出したいですね。ここでは少ない単語でお客様をお見送りするためのフレーズを練習します。英語で実践していると日本語でも実践したくなります。ぜひ、覚えて自分の日常生活もいいものにしていってください。

UNIT 14 体の不自由な方へ①

ご自身で起立や歩行が困難なお客様へお手伝いを申し出るときのフレーズを練習します。

1 お手伝いいたしましょうか？

メイ アイ ヘゥ(プ) ユー
May I help you?

▶「お手伝いする」help

☞ お客様ご自身で行動が難しそうな方を見たら、とっさにこのフレーズが出るとよいですね。

2 お客様、お手伝いは必要でしょうか？

ドゥ ユー ニー(ドゥ) マイ ヘゥ(プ) サー
Do you need my help, sir?

▶「〜を必要とする」need

☞ お客様によっては自分の力で行動したい人もいます。

3 お客様、どのようにお手伝いさせていただいたらよろしいでしょうか？

ハゥ キャナイ ヘゥ(プ) ユー マダー(ム)
How can I help you, madam?

▶「どのように」how

☞ 人の体に触れる前に必ずこのように質問してから聞きましょう。

44

店員さんの基本フレーズ

4 ここをお支えすればよろしいでしょうか？

ウ ジュ ー ライ(ク) ミー トゥ サポー(トゥ) ユー ヒァ
Would you like me to support you here?

▶「支える」support

☞ 人によって身体の一部に痛みを抱えている方もいますので、このように聞いてからお体を支えましょう。

5 私にしっかりつかまってください。

ク ジュ ー ホゥド ン トゥ ミー タイトゥリー
Could you hold on to me tightly?

▶「つかまる」hold 「しっかりと」tightly

☞ つかまっていただくことでお客様がスタッフを信頼しやすくなり、安心して行動できるようになります。

✏ お役立ちメモ

お客様の中にはご高齢の方、体の不自由な方もいらっしゃいます。場合にもよりますが、歩行や立つことが困難な方、転んでしまわれた方に May I help you? といっていきなりお客様の体を支えるのは避けたほうが無難です。触れた所が実は痛みの強いところかもしれないからです。また人の体に触れることは、文化や宗教により考え方も様々です。ここではお客様の体を支える前に、どうお手伝いしたらよいか確認するフレーズを練習します。言葉を言いながらお客様の目の高さに合わせて、体をかがめ、しゃがむ練習もしてみてください。

UNIT 15 体の不自由な方へ②

視覚障がいをお持ちのお客様へのお声かけです。
なるべくお客様の正面から笑顔の伴った声かけをしましょう。

---

1 お客様、失礼いたします。
私は吉田と申しまして、ここのスタッフです。

イクスキュー(ズ)ミー　マダー(ム)
Excuse me, madam,
マイ ネイ(ム) イズ ヨシダ　ア スタッフ メンバァー ヒァ
my name is Yoshida, a staff member here.

▶「従業員、スタッフ」staff member

☞ 視覚障害の方はどの人に案内されているか不安です。職場のスタッフであることを明かしてお手伝いしましょう。

---

2 ご案内してもよろしいでしょうか？

メアイ ショウ ユー
May I show you?

▶「ご案内する」show

☞ いきなりご案内するのではなく、ひとこと聞いてからご案内しましょう。

---

3 お客様の右側に立ってよろしいですか？

メアイ ステェン ドン ユァ ライ(トゥ)
May I stand on your right?

▶「立つ」stand 「右側に」on your right [on the right] 🔄 [**left**：左]

☞ 自分がお客様の右か左に立つことで、安心感が生まれます。

46

店員さんの基本フレーズ

4 歩き始めますがよろしいですか？

ウィー ウィ(ゥ) スター トゥ ウォー(ク) オゥケィ
We will start to walk, OK?

▶「歩く」walk

☞ お客様が自分につかまっているのにいきなり歩き出してびっくりさせないように。

5 今ここで止まり、右へ曲がり階段を上ります。

ナゥ ウィースタッ(プ) ヒァ ターン ライ(トゥ) エン(ドゥ) ゴゥアッ(プ) ダ ステァ(ズ)
Now, we stop here, turn right, and go up the stairs.

▶「止まる」stop

☞ 左・右に曲がる、階段を上る・下りる等、必ず次の行動を口にしてから次の行動に移ります。

🖍 お役立ちメモ

以前展示会場でご案内の仕事をしていた時、目の不自由な女性のお客様が男性用のお手洗いに入ろうとなされたのを見て、あわててお客様に声をかけ、女性用の方に誘導したことがありました。会場には視覚障がい者誘導用の点字・線状ブロックのようなものは見当たらず、人の手が必要と痛感しました。今後も似たようなケースは起こると考えますので、ここで練習して備えましょう。お声かけは、後ろや横よりも前からのほうがお客様を安心させます。1のフレーズには、お客様を特定する意味でmadamと入れていますが、sirを入れた練習もしてみてください。

覚えておこう!

❶ 日付・階数

英語の数字には整数と序数があり、接客・サービス業において以下の重要事項の確認に使われます。

◆整数………時刻、時間、金額、人数、電話番号、部屋番号など
◆序数………日付、階数など

間違えるとどういうことが起きるかは、皆さん察しがつきますよね？私も海外のホテルにいた頃は必死で整数・序数の練習をしていました。練習をすれば考えなくても出てくるようになりますので、練習に励みましょう。ここでは、序数を使う日付、階数の伝え方を説明します。

CD 17

No.	整数	序数	No.	整数	序数	No.	整数	序数
1	one	first	11	eleven	eleventh	21	twenty-one	twenty-first
2	two	second	12	twelve	twelfth	22	twenty-two	twenty-second
3	three	third	13	thirteen	thirteenth	23	twenty-three	twenty-third
4	four	fourth	14	fourteen	fourteenth	24	twenty-four	twenty-fourth
5	five	fifth	15	fifteen	fifteenth	25	twenty-five	twenty-fifth
6	six	sixth	16	sixteen	sixteenth	26	twenty-six	twenty-sixth
7	seven	seventh	17	seventeen	seventeenth	27	twenty-seven	twenty-seventh
8	eight	eighth	18	eighteen	eighteenth	28	twenty-eight	twenty-eighth
9	nine	ninth	19	nineteen	nineteenth	29	twenty-nine	twenty-ninth
10	ten	tenth	20	twenty	twentieth	30	thirty	thirtieth
						31	thirty-one	thirty-first

<日付の読み方>
1〜31までの序数を言えれば、日付が言えるようになります。
・アメリカ式:「月名+日」
　例) 1月1日＝January 1 (January first)
　　　10月25日＝October 25 (October twenty-fifth)
・イギリス式:「日+月名」
　例) 1月1日＝1 January (first January)
　　　10月25日＝25 October (twenty-fifth October)

<西暦を含む日付の表記>
アメリカ式、イギリス式で日付の表記が変わります。
2015年6月23日を表記してみましょう。
・アメリカ式:月→日→年の順
　　June 23, 2015　　June 23rd, 2015　　6/23/2015
・イギリス式:日→月→年の順
　　23 June, 2015　　23rd June, 2015　　23/6/2015

<西暦の表記と読み方>
西暦4桁を2桁で割って読むと分かりやすいですね。
1976→nineteen seventy-six　　　2000→two thousand
2004→two thousand four　　　2017→two thousand seventeen

<階数>
1階　first floor （ground floorとも言う）
2階　second floor
3階　third floor

ご案内フレーズ
～階にございます。　It's on the ___ floor.
～階でございます。　___ floor, please.

> 覚えておこう!

❷ 時間・時刻

<所要時間の伝え方>

所要時間を伝えるときは、整数+hours（時間）/minutes（分）/seconds（秒）です。

- 時間　hours （2時間 / two hours）
- 分　　minutes （45分 / forty-five minutes）
- 秒　　seconds （15秒/ fifteen seconds）

> ご案内フレーズ
> 約〜時間（分、秒）かかります。
> It takes about _____ hours (minutes, seconds).

<時刻>

12時間制：口頭で時刻を伝えるときに使われます。
24時間制：主に交通機関の時刻表で使われます。午前1時〜午後12時（正午）までは、12時間制と同じ言い方ですが、午後のみ13:00〜24:00と表します。

	12時間制	24時間制(午後〜夜中12時のみ)		12時間制	24時間制(午後〜夜中12時のみ)
1時	1:00 (one)	13:00 (thirteen)	7時	7:00 (seven)	19:00 (nineteen)
2時	2:00 (two)	14:00 (fourteen)	8時	8:00 (eight)	20:00 (twenty)
3時	3:00 (three)	15:00 (thirteen)	9時	9:00 (nine)	21:00 (twenty-one)
4時	4:00 (four)	16:00 (sixteen)	10時	10:00 (ten)	22:00 (twenty-two)
5時	5:00 (five)	17:00 (seventeen)	11時	11:00 (eleven)	23:00 (twenty-three)
6時	6:00 (six)	18:00 (eighteen)	12時	12:00 (twelve)	24:00 (twenty-four)

「午前」、「午後」、「〜時」と表現したいときは、時刻の後ろにa.m.、p.m.、o'clockをつけます。

例：午前3時 three a.m.　午後9時 nine p.m.　4時 four o'clock
　　午後3時20分 three-twenty p.m.

> 会話例
> お客様：今何時ですか？ What time is it now? (Do you have the time?)
> スタッフ：午後5時40分です。It's five-forty p.m.

<1日の時間>

日の出 sunrise　　朝 morning　　正午 noon　　午後 afternoon
日没 sunset　　　夕方 evening　　夜 night
真夜中・夜中12時頃 midnight

第2章

会計

現金払いかカード払いか、おつりはどうやって返せばいいのか…などどなたでも経験するのが会計シーンですね。ほとんど定型フレーズなので覚えてしまえば、カンタンです。

UNIT 16 レジへ案内

レジが売場と異なる場合でも案内できるようになりましょう。

---

1 レジはあちらでございます。

ダ　キャシァイ(ズ)オゥヴァ　デェァ　プリー(ズ)
The cashier is over there, please.

▶「レジ係、会計係（ホテル、飲食店、スーパー、売店）」cashier

☞ レジの目印が見えにくいときに使える表現です。

---

2 レジは2階でございます。

ダ　キャシァ　イゾーン　ダ　セカン(ドゥ)　フロァ　プリー(ズ)
The cashier is on the second floor, please.

▶「2階」the second floor

☞ レジが別の階にある場合に使える表現です。

---

3 1階でお支払いくださいますか？

クジュ　ペイ　オーン　ダ　ファース(トゥ)フロァ　プリー(ズ)
Could you pay on the first floor, please?

▶「支払う」pay

☞ 個室や宴会場が2階、レジが1階にある飲食店で使えるフレーズです。

52

会 計

4 ただいま（勘定書を）お持ちします。

アイゥ ブリン ギッ(トゥ) ライタ ウェィ
I'll bring it right away.

▶「〜をお持ちします」I'll bring〜

☞ Can I have the bill?「お勘定をお願いします」と言われたときの返答フレーズです。it は bill を表す代名詞。

5 テーブルでお支払いできます。

ユー クン ペイ アッ(トゥ) ダ テイボゥ
You can pay at the table.

▶「支払う」pay

☞「テーブル会計ですよ」の意味。

🖊 お役立ちメモ

レジへご案内するフレーズを練習します。お店や施設によっては、会計レジは売場と違う階にあります。英語で階数を表すには序数（物の順序を表す数字のこと）を用いるので、序数がパッと出てくるよう日頃から練習を積み重ねましょう（詳しくは48ページ）。飲食店の場合、勘定書をレジへ持って行って支払います。将来あなたのお店にも様々な国のお客様が来るかもしれません。ぜひ自分のお店でのご案内のしかたもできるよう準備をしておきましょう。

UNIT 17 現金払い

現金を受け渡しする際の言葉の添え方を練習しましょう。

---

1 現金、クレジットカードのどちらでお支払されますか？

ウィゥ ユー ペイ バイ キャッ(シュ) オァ クレディッ(トゥ) カー(ドゥ)
Will you pay by cash or credit card?

▶「現金」cash 「クレジットカード」credit card

☞ 短く言う場合は「cash or credit card?」。ゆったりと文末を上げて言えば丁寧な印象を与えられます。

---

2 こちらが合計3,240円でございます。

ヒァ(ズ) ダ トウトゥ トゥリー タウザン(ドゥ) トゥー ハンドレッ(ドゥ)
Here's the total, three thousand two hundred
フォァティ イェン テェン キュー
forty yen, thank you.

▶「こちらが〜でございます」Here is 〜 「合計」total

☞ 言葉を添えて金額をお見せします。千や百の単位が言いにくい場合は、数字をそのまま読み上げてもOKです。

---

3 10,000円をお預かりいたします。

テン タウザン(ドゥ) イェン テェン キ ュー
Ten thousand yen, thank you.

▶「10,000円」ten thousand yen

☞ 英語では特に「お預かりいたします」という言葉はなくてもOKですが、thank youを添えます。

会 計

4 一緒に確認してください。

ク(ドゥ) ウィー チェッ(ク) トゥゲダァ
Could we check together?

▶「一緒に確認する」check together

　細かいおつりをお客様と一緒に確認したいときのフレーズです。

5 1、2、3、4、5、6千と7百60円のお返しとレシートです。

ワン トゥー トゥリー フォァ ファイ(ヴ)スィク(ス) タゥザン(ドゥ)
One, two, three, four, five, six thousand,
セヴン ハンドゥレッ(ドゥ)スィクスティ チェイン(ジ) エン(ドゥ) リシー(トゥ)
seven hundred sixty change and receipt.

▶「お返し(おつり)」change 「レシート」receipt

　お金を数えながら数字を読み上げ、お客様と一緒に確認するイメージで練習してみてください。

お役立ちメモ

　日本はお金の桁数が多いですね。千以上の大きなお金の単位も練習することは大切ですが、数字全てを読み上げるのは時間がかかります。例えば1,620円も one thousand six hundred twenty yen まで言うととても長く、one six two zero と読み上げたほうがお急ぎのお客様には助けになることもあるようです。このUNITでは、3,240円の買い物に対し、10,000円の現金を預かり、おつりを返すという一連の流れのフレーズを載せました。細かいおつりをお客様と一緒に確認するフレーズも載せています。練習して、お金を丁寧に扱う日本人の姿勢をぜひ海外の方にも見せてあげてください。

UNIT 18 カード払い

現金よりも専門的な言葉が多いクレジットカードでのやりとりを練習しましょう。

---

1 私どもは主なクレジットカードを受け付けています。

ウィー エァクセプ(トゥ) メイジャー クレディッ(トゥ) カー(ズ)
We accept major credit cards.

▶「受け付けている」accept 「主な」major

☞ ある特定のクレジット会社のカードのみを受け付けている場合、We accept (カード名称) only. でOK。

---

2 すみません、お客様。こちらのカードは有効期限切れです。

イクスキュー(ズ) ミー　マダー(ム)　ディ(ス)カーディー ズ イクスパイァ(ドゥ)
Excuse me, madam, this card is expired.

▶「有効期限切れ」expired

☞ 有効期限切れのカードを渡されてしまったときに使えます。

---

3 エラーサインがここに出ています。他のカードはお持ちですか？

アイスィー アン エラー サイン ドゥ ユー ヘァ(ヴ) エニィ アダァ カー(ズ)
I see an error sign. Do you have any other cards?

▶「エラーサイン」error sign

☞ カード端末機のエラーサインを見せながら伝えると効果的です。

会計

4 受け付けされました。ご署名又は暗証番号をお願いいたします。

イッ(ツ) エァクセプティッ(ドゥ)
It's accepted.
ユァ スィグナチャ オァ ピン コー(ドゥ) プリー(ズ)
Your signature or PIN code, please?

▶「カードが受け付けされる」accept 「署名」signature 「暗証番号」PIN code

☞ 端末機でカードが受け付けされた場合のフレーズです。

5 カードのお返しとレシートです。

ヒァ(ズ) ユァ カー(ドゥ) ベァッ(ク)エン(ドゥ) ダ レシー(トゥ)
Here's your card back and the receipt.

▶「レシート」receipt

☞ カードはお客様にお返し、レシートはお渡しですので、receiptにはbackはつきません。

🖊 お役立ちメモ

現金と違い、クレジットカードには有効期限、署名、暗証番号といった専門用語があります。加えて海外のお客様からは「このカードで払えますか？」とよく聞かれますので、お店で支払い可能なカードを前もってリスト化しておけばご案内しやすいでしょう。このUNITでは、有効期限切れ、端末機のエラーといった、カード支払いがうまくいかないことを想定したフレーズも用意しています。カード支払いでのやりとりをしっかり学んでいただき、実際のお仕事でお役立てください。

UNIT 19 両替

両替と外貨両替のやりとりを練習します。

---

1 500円玉1枚、100円玉5枚です。

One five-hundred-yen coin,
ワン ファイ(ヴ) ハンドゥレッ(ドゥ) イェン コイン

five one-hundred-yen coins.
ファイ(ヴ) ワン ハンドゥレッ(ドゥ) イェン コイン(ズ)

▶「玉(硬貨)」coin

☞ 「1,000円札をくずして」と言われた場合の対応フレーズです。英語でもお客様と確認するように数えます。

---

2 両替機はあちらです。

The money changer is over there.
ダ マニィ チェインジャイ(ズ) オゥヴァ デェア

▶「両替機」money changer

☞ ロッカーの近くに、お金を細かくする両替機があるのを見かけますね。

---

3 恐れ入りますが、ここでは(外貨)両替できません。

I'm afraid it's impossible to change money
アイ マフレイドゥ イッツ インパッスィボゥ トゥ チェイン(ジ) マニー

here.
ヒァ

▶「不可能な」impossible

58

会計

4 パスポートを拝見してよろしいでしょうか？

メイ アイスィー ユァ パァスポー(トゥ)
May I see your passport?

▶「パスポート」passport

☞ 外貨両替時、パスポートの提示を必要とする場合に使えます。

5 本日のレートは1ドル134円です。

トゥデイ(ズ) レイ(トゥ)イ(ズ) ワ(ン) ハンドレッ(ドゥ) ターティ フォア パァ ダラァ
Today's rate is one hundred thirty four per dollar.

▶「レート」rate 「〜当たり」per〜

☞ 1ドル当たりのレートを聞かれたときに答えます。

📝 お役立ちメモ

宿泊施設、お店等で両替を聞かれた場合の対応を学びます。単に両替する場合はchangeを使い、ある特定の通貨から通貨への両替にはexchangeを使います（例：exchange dollars for yen「ドルを円に両替する」）。両替不可能なお店や施設のレジでは、「両替できません」というフレーズを言えると良いですね。最近では、コインロッカーの所に両替機があるのを見かけます。日本ならではのサービスですね。以前私も駅のインフォメーションで仕事していたときには、海外のお客様からたくさんロッカーのことを聞かれ、そのたびに両替機の案内をすると喜ばれました。

UNIT 20 チップ・税・サービス料

税金、サービス料を含む金額の提示、チップの上手な断り方を学びます。

---

1 こちらが税金の入った合計金額です。

ヒァリー(ズ) ダ トゥトゥ ウィ(ドゥ) テェック(ス)
Here is the total with tax.

▶「税金」tax

☞ このフレーズを言いながら勘定書上の金額を見せると間違いないですね。

---

2 サービス料10%と税が含まれています。

ア テン パーセン(トゥ) サーヴィ(ス) チャー(ジ) エン(ドゥ)テェックス アー インクルーディ(ドゥ)
A ten percent service charge and tax are included.

▶「サービス料」service charge

☞ 日本の消費税は英語で「consumption tax」ですが、簡単にtaxとしてもOKです。

---

3 実際日本にはチップの習慣はないのです。

エァクチュアリィ ウィー ヘァヴ ノゥ ティッピン(グ) カスタミン ジャペァン
Actually, we have no tipping custom in Japan.

▶「実際は」actually 「チップを与える」tipping 「習慣」custom

☞ tipは「チップ」、「チップを与える」の両方の意味があります。

会 計

4 お客様、どうぞ気になさらないでください。

You don't have to worry, sir, please.
ユー ドーン(トゥ)ヘァ(フ) トゥ ゥワリィ サー プリー(ズ)

▶「気にする」worry

> 日本の習慣を知らずチップを与えそうになったお客様に向けての表現です。sirをmadamに変えてもOKです。

5 私どもの決まりにより、感謝の気持ちのみ受け取らせてください。

According to our regulation, let us accept your gratitude.
アコーディン(グ) トゥ アウァ レギュレイシャンヌ レッタ ス エァクセプ(トゥ) ユァ グラティテュー(ドゥ)

▶「決まり」regulation 「〜により」according to〜 「感謝の気持ち」gratitude

> このフレーズの前に、we're afraid「恐れ入りますが」をつけるとより一層丁寧ですね。

📝 お役立ちメモ

税金やサービス料10%が入ると金額は大きく変わります。ここでは、税金やサービス料を含む金額の伝え方やチップの上手な断り方を学びます。チップは日本には習慣がないので、スタッフは業務上断るのは当然なのですが、お客様にとっては「せっかく相手に出したものをまた自分に戻す」行為。お客様のお顔を立てつつ上手に断るフレーズを今までのお仕事を思い出しながら考えてみました。ドキドキする応対ですが、自分がその場にいるようなイメージで練習してみてください。

UNIT 21 値引き・交渉

値引きの交渉も言葉でできるようになったらコミュニケーションがもっと楽しくなります。

1 この金額ではいかがですか？

ハゥ　アバウ(トゥ) ディ(ス) プライ(ス)
How about this price?

▶「金額」price

☞ このフレーズを発しながら計算機で金額を表示すると分かりやすいですね。

2 値引きしますよ。

ウィー クン　ギ(ヴ)　ユー　ア ディスカウン(トゥ)
We can give you a discount.

▶「値引きをする」give a discount

☞ 値引きできるお店で、このフレーズを使ってくださいね。

3 （これら）3つで1000円にしますよ。

フォ ディー(ズ) トゥリー ピースィー(ズ) ワン タウザン(ドゥ) イェンイ(ズ) オゥケイ
For these three pieces, one thousand yen is OK.

▶「(これら) 3つ」these three pieces

☞ 個々の金額は400円、でも3つ買うなら1000円というときに使えます。

会 計

4 これが値引きできる限界です。

ディスィー(ズ) ダ リミット ヴ ダ ディスカウン(トゥ)
This is the limit of the discount.

▶「限界」limit

☞ 無理だと思ったらきっぱりと断りましょう。

5 こちらでは値引きは一切お断りしております。

ヒァ ウィー キャナッ(トゥ) レイデュース ダ プライ(ス)
Here, we cannot reduce the price.

▶「値引きする」reduce the price

☞ 値引きの出来ないお店では、しつこく迫られたときにきっぱりと断りましょう。

✏️ お役立ちメモ

　最近、フリーマーケットや骨とう品の蚤の市が海外のお客様に人気なようです。これらの場所では「もっと安くしてください」というリクエストが多いように、店主との値引き交渉が醍醐味ですよね。計算機でのやりとりでもできることですが、やはり言葉を添えて伝えるともっと話す喜びを実感でき楽しめるのではないでしょうか。ここでは、お店にとって有利になるような値引交渉時のフレーズを学びます。ただし、値引きを一切お断りしているところでは、毅然と断れるようフレーズを練習してくださいね。

UNIT 22 トラブル

会計時のトラブルに対応するフレーズです。

---

1 再度計算させてください。

レットゥ ミー カゥキュレイタ ゲイン
Let me calculate again.

▶「計算する」calculate

☞ 計算が間違っているという指摘を受けた時に答えるフレーズです。

---

2 一緒に伝票の注文内容を確認してもよろしいでしょうか?

メイ ウィー チェッ(ク) ユァ オゥダァ オーンディ(ス) ビゥ トゥゲダァ
May we check your order on this bill together?

▶「伝票(勘定書)」bill

☞ 伝票の金額が間違っていると言われたとき、お客様と一緒に伝票上の注文を確認したいときに言うフレーズです。

---

3 規約により払い戻しはできません。

アコーディン(グ) トゥ ダ パリシィ ウィ キャナッ(トゥ) ギヴ ア リファン(ドゥ)
According to the policy, we cannot give a refund.

▶「規約により」according to the policy 「返金する」give a refund

☞ 返金を希望された際、規約によりできないことを毅然と伝えるのに使えるフレーズです。

会 計

4 キャンセル料がかかりますがよろしいですか？

Could you accept the cancellation charge?
クジュ エァクセプ(トゥ) ダ キャンセレイシャン チャー(ジ)

▶「キャンセル料」cancellation charge

　accept を用いることで「キャンセル料を受け入れていただけますか？」の意味です。

5 今回は特別にディスカウントいたします。

We offer the discount as a special deal.
ウィ オファ ダ ディスカウン(トゥ) ア ザ スペシャゥ ディーゥ

▶「特別に」as a special deal

　時折特例が発生する場合、as a special deal は便利な表現です。「特別な扱いとして」という意味です。

✐お役立ちメモ

　会計時のトラブルは計算違いが多いと思います。場合によってはお客様と一緒に伝票を確認することもあるでしょう。また、払い戻し、キャンセルなど、特例でディスカウント等が発生することもあります。ここでは、according to the policy「規約により」、as a special deal「特別扱いで」といった特殊な言葉を敢えて出しました。このテキストは初心者の皆さんに向けたものですが、接客英語はビジネス英語でもあり、場合によってはこのような言葉も必要になってくるからです。馴染みにくいとは思いますが、がんばって取り組んでください。

> 覚えておこう！

❸ お金

　日本のお金は細かいです。特に税込金額の場合、一円単位となり、長くなります。ここでは、正しい英語での言い方を載せておきますが、全部きれいに言うとかえってお客様を待たせてしまう場合があります。そのときは、数字を読み上げても構いません。

<日本のお金>
- 硬貨 / coin　1円 one yen　　5円 five yen　　　　　　10円 ten yen
　　　　　　　50円 fifty yen　100円 one hundred yen　500円 five hundred yen
- 札 / note　1,000円 one thousand yen　　2,000円 two thousand yen
　　　　　　5,000円 five thousand yen　　10,000円 ten thousand yen

<税金など>
消費税 (consumption) tax　　免税 tax-free, duty-free　　入湯税 bath tax
サービス料 service charge

<細かい金額>
108円 one hundred and eight yen　　324円 three hundred and twenty-four yen
2,592円 two thousand five hundred ninety-two yen
5,400円 five thousand and four hundred yen
税込3,888円です。 It's three thousand eight hundred eighty-eight yen including tax.
消費税8% eight-percent (consumption) tax

<大きな数字>

百	100	one hundred
百五十五	155	one hundred and fifty-five
千	1,000	one thousand
一万	10,000	ten thousand
四万	40,000	forty thousand
十万	100,000	one hundred thousand
五十二万五千六百	525,600	five hundred twenty-five thousand six hundred
百万	1,000,000	one million
千万	10,000,000	ten million
一億	100,000,000	one hundred million
十億	1,000,000,000	one billion

<各国の通貨>
USドル US Dollar　　　　　　ユーロ Euro　　　　　ポンド Pound
人民元 Chinese Yuan　　　　韓国ウォン Won　　　香港ドル Hong Kong Dollar
台湾ドル New Taiwan Dollar　タイバーツ Baht　　　フィリピンペソ Philippine Peso
ベトナムドン Dong　　　　　マレーシアリンギット Malaysian Ringgit

第 **3** 章

商品購入

商品の説明を求められることも多いです。できるだけわかりやすく伝えてあげることが大事なので、基本的な単語と一緒に覚えておいてください。ご購入に直接つながるので大切です。

UNIT 23 使い方

日本独特の商品の使い方を説明できるように練習しましょう。

---

1 このように使います。

You can use it like this.
ユー クン ユーズ イッ(トゥ) ライ(ク) ディ(ス)

▶「このように」like this 「使う」use

　このように「like this」と言いながら使い方を見せるときに、とても便利な表現です。どの商品にでも使えます。

---

2 このように着ます。

You can wear it like this.
ユー クン ウェァリッ(トゥ) ライ(ク) ディ(ス)

▶「着る」wear

　日本の着物、浴衣、はっぴの人気が高まっています。着方を見せるときの簡単なフレーズです。

---

3 ここで電池を交換できます。

You can change batteries here.
ユー クン チェイン(ジ) ベァテリー(ズ) ヒァ

▶「電池を交換する」change batteries

　電化製品に使えます。

商品購入

4 ここを開けてクリームをこのように出してください。

オゥプン ヒァ トゥ プッシュ ダ クリーム ァゥ(トゥ) ライ(ク) ディ(ス)
Open here to push the cream out, like this.

▶「出す」push out

☞ 化粧品に使えます。

5 2〜3滴取って、顔に塗ります。

テイ(ク) トゥー オァ トゥリー ドロップ(ス) エン(ドゥ) プッティットーン ユァ フェイ(ス)
Take two or three drops, and put it on your face.

▶「取る」take 「塗る」put on

☞ 4と同様、化粧品に使えます。

お役立ちメモ

海外のお客様に人気のお土産は、日本の家電製品、薬、化粧品、お菓子、特に女性には浴衣や風鈴、風呂敷、扇子といった和雑貨が人気なようです。ただし、日本独特の商品は使い方を伝えてあげてこそお客様が楽しめるもの。このUNITで商品の使い方を明確に説明できる店員さんを目指してください。電池交換のしかた、服の着方、化粧品の使い方を載せてみました。まずは、like this「このように」という簡単な表現を言って、見せることから楽しく始めてみてください。

UNIT 24 質

長く大切に使っていただくために、
商品の質について案内する練習です。

1 洗濯機で洗えます。

It's machine-washable.
イッツ マシーン ウワッシャボゥ

▶「機械で洗える」machine-washable
🔄 [hand wash：手洗い] [dry-cleanable：ドライクリーニング可能な]

☞ machine-washable や dry-cleanable が言いにくければ、machine-wash OK、dry-clean OK としても良いです。

2 シルク100パーセントです。

It's 100-percent silk.
イッツ ワンハンドレッ(ドゥ) パァーセン(トゥ) スィゥ(ク)

▶「絹」silk 🔄 [cotton：綿] [wool：毛] [leather：皮]

☞ wool は、唇を前に突き出した状態で「ウー」と発音するのがポイントです。

3 防水加工しています。

It's waterproof.
イッツ ウォータァープルー(フ)

▶「防水加工」waterproof

☞ 一部の靴、バッグ、時計など、防水加工済の商品をご案内するときに使えます。

70

商品購入

4 軽くて持ち運びしやすいです。

イッツ ヴェリ ライ(トゥ)エン(ドゥ)イーズィー トゥ キャリィ
It's very light and easy to carry.

▶ 「軽い」light 「〜しやすい」easy to 〜

☞ バッグなどの商品をおすすめするときに使えるフレーズです。

5 丈夫で長持ちですよ。

イッツ ストロン(グ) エン(ドゥ) ヘァ ザ ローン(グ) ライフ
It's strong and has a long-life.

▶ 「丈夫」strong 「長持ちする」have a long-life

☞ 長持ちを意味する durable より、寿命が長いを表す long-life だとどの国の人にもイメージしやすいです。

✎ お役立ちメモ

　主に、服、バッグ、帽子といった商品に絞って質についてご案内するフレーズを学びましょう。日本国内の洗濯表示は日本語での表記がほとんどです。そこで、販売員の方は英語でのご案内が必須になってきます。手洗いOK、ドライクリーニングOK、防水加工、軽くて持ち運びやすい等、ごく普通の日本語を英語でどのように伝えるか、ここでしっかり身につけてください。

UNIT 25 色

色に関する表現を覚えると
接客時のお話がより深く楽しくなります。

---

1 こちらが黒です。

Here's a black color.
ヒァ ザ ブレァッ(ク) カラァ

▶「こちらが〜です」Here's 〜.

🔄 [brown：茶] [purple：紫] [yellow-green：黄緑]

👉 種類をすすめるときの決まり文句です。

---

2 青もございます。

We also have a blue color.
ウィー オーゥソゥ ヘァヴ ァ ブルー カラァ

▶「〜も」also

👉 例えば、同じ種類の中で他の色がないか聞かれたときに使える表現です。

---

3 こちらのピンクは明るめです。

This pink color is bright.
ディ(ス) ピン(ク) カラァ イー(ズ) ブライ(トゥ)

▶「明るい」bright

👉 bright を dark「暗め」等の言葉に置き換えて練習してみてください。

商品購入

4 こちらは少し地味な感じですね。

ディ(ス) ワン イ ザ リト(ゥ)クワイエッ(トゥ)
This one is a little quiet.

▶「地味な」quiet

☞ quiet は「静かな」の意味でよく使われますが、「色が落ち着いた、地味である」も意味します。

5 他のベージュ色はございません。

ウィー ヘァヴ ノゥ アダァ ベイ(ジュ) カラァ
We have no other beige color.

▶「他の」other

☞ 同じベージュ色でもお客様の望んでいる色がないときに伝えるフレーズです。

✏️ お役立ちメモ

　一口に青といっても、暗めの青、地味で落ち着いた青、明るい水色等のように何種類も存在します。ここでは、茶はbrown、紫はpurpleのように覚えることと、同じ色の中で地味な色、明るめの色を表現できるように学びましょう。服やバッグ、靴といった物の説明だけではなく、化粧品の口紅、ファンデーション等の販売にも役立ちます。dark「暗め」、quiet「地味」、bright「明るめ」といった言葉を他の色にもつけて話す練習をしてみてください。

UNIT 26 形

服のみならず様々な商品のご案内時にお役立てください。

1 こちらは半袖のシャツです。

Here's a short-sleeve shirt.
ヒァ ザ ショー(トゥ) スリー(ヴ) シャー(トゥ)

▶「半袖の」short-sleeve

↻ [long-sleeve：長袖の] [three-quarter sleeve：七分袖の]

☞ sleeve を抜いて、shirt を pants に置き換えることもできます。

2 長いものがよろしいですか？

Would you like a long one?
ウジュ ライ カ ローン(グ) ワン

▶「〜がよろしいですか？」Would you like〜？

↻ [longer：もっと長い] [shorter：もっと短い]

☞ Would you like 〜？は Do you want 〜？よりも丁寧な表現。one は物の代名詞、商品名を何度も繰り返さず one に置き換えて言うと便利です。

3 これはシンプルでコンパクトです。

This is simple and compact.
ディス イー(ズ) スィンポゥ エン(ドゥ) カンペァク(トゥ)

▶「シンプル」simple 「コンパクト」compact

☞ 主に雑貨に使えそうなフレーズですね。

商品購入

4 これは折り畳み式の傘です。

ディスィー(ズ) ア フォウディン(グ) アンブレッラ
This is a folding umbrella.

▶「折り畳み式の」folding

☞ 家具等の売場で使えるフレーズです。

5 これは取り外しできます。

ディス イー(ズ) ディタッチャボゥ
This is detachable.

▶「取り外し可能な」detachable

☞ 4と同様、家具等の売場で使えるフレーズです。

✏️ お役立ちメモ

　商品には様々な形があり、それを説明してご案内するのも店員さんのお仕事です。服の袖に関して言えば、半袖・長袖だけでなく、七分袖、パンツなら七分丈もよく見かけます。服だけでなく、家具であれば取り外し可能、折り畳み式といった日本語でよく聞く言葉も入れてみました。他の大きさを見たいと言われたときも明確な数字ではなく、larger「より大きなもの」のように、言葉で表す練習もできるようにしてあります。ぜひ何度も繰り返し練習してください。

UNIT 27 サイズ・量

いろいろなサイズや量を伝えるフレーズを練習します。

---

1 Sサイズがよろしいですか？

Would you like a small size?
（ウジューライカスモーゥサイ(ズ)）

▶「サイズ」size 🔄 [medium：中] [large：大]

☞ ファストフード、コーヒー店で注文を取る際や、化粧品店でも大、小のボトルがある場合などにも使えます。

---

2 何グラムがよろしいですか？

How many grams would you like?
（ハゥメニィグラム(ズ) ウジューライ(ク)）

▶「何グラム」How many grams 🔄 [kilos：キロ] [pieces：個]

☞ お持ち帰りする、お惣菜やお菓子（たい焼きなど）の販売時に使えますね。

---

3 100グラムあたり300円です。

300 yen per 100 grams.
（トゥリーハンドレッ(ドゥ)イェン パァ ハンドレッ(ドゥ)グラム(ズ)）

▶「〜あたり」per〜

☞ 「300」や「100」のところに他の数字も入れて練習してみましょう。

商品購入

4 量は大のほうがよろしいですか？

ウジュ　ュ　ライ　カビーッ(グ)ポーァシャン
Would you like a big portion?

▶「量」portion　🔄 [small：小]

👉 レストランでサラダなどのお料理の量が大、小とある場合使えます。

5 バラのお花は何本アレンジしましょうか？

ハゥ　メニィ　ロゥズィ(ズ)　シャゥ　ウィー　アレンジ
How many roses shall we arrange?

▶「アレンジする」arrange

👉 タイのホテルに勤めていたとき、ある西洋人の男性のお客様からお連れの方にバラの花を差し上げたいとのご依頼をいただきました。バラなどの花の本数を確認する上で使ったフレーズです。

📝 お役立ちメモ

サイズは服だけでなく、飲食などでも使えます。量に関しては百貨店のお惣菜コーナーなどもありますね。このUNITでは、コーヒー店、飲食店でのやりとりも載せました。また、飲食店では同じ料理でも大と小の二種類の量があります。バリエーションに富んだサイズや量の伝え方をたくさん練習してください。最後のフレーズは、ホテル勤務時代を思い出して書いてみました。今後もしかしたらあなたの周りにこのようなお客様が現れるかもしれません。多文化のお客様を応対するのは楽しいですね。

UNIT 28 試着・試用・試食

商品を買っていただく前のお試し時に伝える表現です。

1 ご試着なさいますか？

Would you like to try it on?
ウジュ　ライ(ク)トゥ トライ ト ーン

▶「試着する」try on

　it は試着する服のことを指しています。

2 鏡でご覧になりますか？

Would you like to look in the mirror?
ウジュ　ライ(ク)トゥ ルッキン　ダ　ミラァ

▶「鏡で」in the mirror

　in the mirror の in は「〜の中に」という意味。鏡の中の自分を見るからなのでしょうね

3 試着室までご案内いたします。

I'll show you to the fitting room.
アイウ ショウ　ユー トゥ ダ フィッティン(グ)ルー(ム)

▶「試着室」fitting room

　I'll show you. は「ご案内します」の意味です。

商品購入

4 どうぞお試しください。

You can try this.
ユー　クン　トライ ディ(ス)

▶「試す」try

　惣菜、お菓子、楽器、化粧品のサンプル等を試してもらいたいときに使えるフレーズです。

5 いかがでしたか？

How is it?
ハゥ　イズ イッ(トゥ)

▶「いかが」how

　お試ししていただいた後の率直な感想を聞くときに使えるフレーズです。

✐ お役立ちメモ

　お試し時の表現を学びましょう。服の試着に関しては、試着室へのご案内、鏡の使用もあり多めに載せています。同じフレーズで他の商品の試用（化粧品等）、試食をご案内できることが多いので、ぜひ練習して使ってみてください。このお試し時に英語で多く伝えることができると、商品を買っていただくチャンスも増えるのではないでしょうか。お試しのやりとりも立派な商談。まずはここに載っている簡単なフレーズでお声かけをして興味を持っていただけることを目指しましょう。

UNIT 29 在庫確認

在庫確認時に添える言葉が大切です。

---

1 ただいま在庫を確認してまいります。

アイゥゴゥ トゥ チェッ(ク) ダ スタッ(ク)
I'll go to check the stock.

▶「在庫」stock

☞ 特に洋服、靴屋さんで使えるフレーズですね。

---

2 すぐに戻ります。

アイゥ カ(ム) ベァッ(ク) スーン
I'll come back soon.

▶「すぐに」soon

☞ お客様のもとを離れるときは、このひとことを添えると安心されます。

---

3 ただいま在庫を切らしております。

イッツ アゥト ヴ スタッ(ク) ナゥ
It's out of stock now.

▶「在庫を切らす」out of stock

☞ このフレーズの前に we're afraid（誠に恐れ入りますが）をつけるとより丁寧です。

商品購入

4 お取り寄せなさいますか？

ウジュ ライ(ク) トゥ オゥダァリッ(トゥ)
Would you like to order it ?

▶「お取り寄せする」order

☞ 海外のお客様はご滞在が短い方が多いと考えますが、このように聞いてあげると親切です。

5 来週入荷予定です。

イットゥビー ディリヴァ(ドゥ) ネクス(トゥ)ウィー(ク)
It'll be delivered next week.

▶「入荷する」delivered

☞ 4と同様、ご滞在が短そうでもご案内してみる価値はあります。

✏️ お役立ちメモ

　お客様が欲する商品が売場に出ていない場合、在庫を確認することになります。在庫確認というと、「切らしております」といったフレーズばかりを思い浮かべがちです。しかし、在庫を確認することは売場から離れること。つまり、お客様のもとを一旦離れることになります。このときに発する言葉は大切で、「確認に行ってくる」、「すぐ戻ります」といった言葉も英語で言えるようになっておいたほうが、お客様が安心します。このUNITでたくさん練習して、備えてください。

UNIT 30 包装

お店でのラッピングは日本独特のサービスのようです。
どんどん話しかけてお客様を驚かせましょう。

---

1 プレゼント用にお包みしましょうか？

Would you like us to gift-wrap it?

▶「(リボン・包装紙等を用いて) 贈答用に包装する」gift-wrap

> ラッピングという名詞形は gift-wrapping です。ゆっくりのスピードで発音練習をしましょう。

---

2 こちらが(包装の)サンプルです。こちらが無料、こちらが有料です。

Here's the sample: this is free, this is charged.

▶「サンプル」sample 「無料」free 「有料」charged

> 無料は「free of charge」とも言います。

---

3 リボン、包装紙はどれになさいますか？

Ribbon or wrapping paper, which one would you like?

▶「リボン」ribbon 「包装紙」wrapping paper

> like の代わりに choose (選ぶ) を用いて、「どれを選びますか？」としても OK です。

商品購入

4 別々にお包みしますか？

Would you like separate wrapping?
（ウジュー ライ(ク) セパレイ(トゥ) ラッピン(グ)）

▶「別々の」separate

☞ ギフト用でなく、単に「包む」は wrap、「包装」は wrapping です。

5 袋はいくつお入れしますか（必要ですか）？

How many bags do you need ?
（ハゥ メニィ ベァッグ(ズ) ドゥ ユー ニー(ドゥ)）

▶「袋」bag 「必要とする」need

☞ お土産屋さんなどで、小分けの袋を用意するときに使えます。

✏️ **お役立ちメモ**

　海外ではギフト用にラッピングする習慣のあるお店が少ないらしく、買った人が自分でラッピングをするという習慣もあるようです。日本の美しいラッピングに驚かれる旅行者も多いと聞きます。お店により無料と有料のラッピングもあります。お土産屋さんでは、日本人の場合大概お友達など人にあげることを想定しているので、小分けできる袋をよくくれます。このときの「袋も何枚か入れましょうか」というフレーズも英語で練習します。これも日本ならではのきめ細かいサービスですね。

UNIT 31 クレーム

商品・サービスに関するクレーム対応のフレーズを練習します。

---

1 お客様のお話をお聞かせください。

プリーズ テゥ ミ ワッ(トゥ) ハプン(ドゥ)
Please tell me what happened.

▶「お話(起こったこと)」what happened

☞ クレームの件をお客様に確認する表現です。

---

2 まず初めにお客様のお話をお聞かせいただけないでしょうか？

ファースト ヴ オーゥ ク ジ ュ テゥ ミ ユァ シチュエイション
First of all, could you tell me your situation?

▶「まず初めに」first of all

☞ いきなり「マネージャーを出せ！」と言われた際、取り次ぐ前に話を伺ってもよいか確認する表現です。

---

3 レシートはお持ちですか？

ドゥ ユー ヘァ(ヴ) ダ リスィー(トゥ)
Do you have the receipt?

▶「レシート」receipt

☞ 返品を希望された際、まず購入時のレシートを持っているか聞くときのフレーズです。

商品購入

4 残念ながら、返品はお受けできません。

アンファーチュナトゥリィ　ウィアー　アンネイボゥ トゥアクセプ(トゥ) リターン(ズ)
Unfortunately, we're unable to accept returns.

▶「残念ながら」unfortunately　「返品を受ける」accept returns

☞ レシートが無い場合、返品できない商品の返品の際に答えるフレーズです。

5 他の商品とお取り替えでしたら可能です。

ウィ　クン　リプレイス ィッ(トゥ)ウィ(ドゥ) ア　ニュー　ワン
We can replace it with a new one.

▶「取り替える」replace

☞ 返品を受けられない場合の選択肢として言えるようになるといいですね。

お役立ちメモ

　いきなりカウンターに駆け込み、I want to talk to the manager!「マネージャーと話したい」と怒り口調で言われるお客様がいます。ただし、そこですぐ取り次ぐのではなく、まずは最初に応対した人が話を聞くべきでしょう。マネージャーが不在の場合もありますし、お客様のお話の内容を聞くことで担当者が誰なのかがすぐ分かるからです。ここでは最初に話を聞くときのフレーズから練習します。商品の返品に関してはまずレシートの確認から始めます。日本語でもつらいシーンですが、がんばってイメージしながら練習しましょう。

物品に関する単語

★入れ換えて使える便利フレーズ
🔁 **Here is[are]** 〜. 「こちらが〜です」
🔁 **It's** 〜. 「〜です」
🔁 〜 **is[are] over there / here.** 「〜はあちら（こちら）でございます」
🔁 **Do you have** 〜? 「〜がありますか？」 ※頭痛などの症状にも使える
🔁 **I recommend** 〜. 「〜がおすすめです」

●服・カバン	
シャツ	shirt
T-シャツ	T-shirt
ブラウス	blouse
チュニック	tunic
ワンピース	dress
ズボン	trousers
ジーンズ	jeans
スカート	skirt
スーツ	suit
帽子	cap
帽子（つばが広いもの）	hat

カーディガン	cardigan
セーター	sweater
マタニティドレス	maternity dress
バッグ	bag
ハンドバッグ	hand bag
クラッチバッグ	clutch
スーツケース	suitcase
アタッシュケース	briefcase

●素材・質感

綿	cotton
絹	silk
麻	linen
ウール	wool
ポリエステル	polyester
皮革	leather
スエード	suede
やわらかい	soft
固い	hard
ざらざらとした	rough
つるつるとした (滑らかな)	smooth

物品に関する単語

● 電化製品

スマートフォン	smartphone
タッチパネル	touch panel
携帯電話	cell phone
カメラ	camera
ビデオ	video camera
コンピューター	computer
ノートパソコン	laptop computer
メモリーカード	memory card
SIMカード	SIM card
炊飯器	rice cooker
ヘアドライヤー	hair dryer
温水洗浄便座	bidet
腕時計	watch
ゲーム	game

● 化粧品

メークアップ	makeup
ファンデーション	foundation
おしろい	face powder
口紅	lipstick
頬紅	blush
アイシャドー	eye shadow

アイライナー	eye liner
アイブロウペンシル	eyebrow pencil
マスカラ	mascara
クレンジングクリーム	makeup remover
マニキュア	manicure
マニキュア液	nail polish
除光液	nail polish remover
爪切り	nail clippers
爪やすり	nail file

● スーパー　※売り場の説明などで複数形をよく使うものは複数形表記

CD 38

セルフレジ	self checkout
セルフレジ機	self checkout machine
買い物かご	shopping basket
ショッピングカート	shopping cart
袋	plastic bag
缶詰（食品）	canned foods
ツナ	tuna
乳製品	dairy
バター	butter
マーガリン	margarine
ヨーグルト	yogurt
ジャム	jam

物品に関する単語

冷凍食品	frozen foods
アイスクリーム	ice cream
飲み物	beverages
オレンジジュース	orange juice
アップルジュース	apple juice
コーヒー	coffee
紅茶	tea
ミネラルウォーター	mineral water
炭酸水ミネラルウォーター	sparkling mineral water
スナック菓子	snack foods
ベーカリー製品	baked foods
パン	bread
クッキー	cookie
ケーキ	cake
マフィン	muffin
ベーグル	bagel

● ドラッグストア

薬	medicine
生理用品	sanitary items
栄養ドリンク	energy drinks
お菓子	snacks
ストッキング	stockings

● 薬の種類

頭痛薬	aspirin
胃腸薬	stomach medicine
うがい薬	gargle
風邪薬	cold medicine
解熱剤	fever reducer
抗生物質	antibiotic
消毒薬	disinfectant
鎮痛剤	painkiller
のどあめ	cough drop
軟膏	ointment
目薬	eye drops

● 症状

頭痛	headache
胃痛／腹痛	stomachache
歯痛	toothache
腰痛	backache
熱	fever
下痢	diarrhea
のどの痛み	sore throat
鼻水が出る	running nose
咳をする	cough

物品に関する**単語**

めまいがする	feel dizzy
吐き気がする	feel nauseous

● 日本の模様や土産物　※日本語はイタリック体で表記

和柄	*Japanese pattern*
市松（いちまつ）	*ICHIMATSU* check
縞（しま）	*SHIMA* stripe
水玉（みずたま）	*MIZUTAMA* polka-dot
矢絣（やがすり）	*YAGASURI* arrow-feather
扇子	folding fan
うちわ	round fan
てぬぐい	Japanese hand towel
風鈴	ceramic wind chime
脂取り紙	facial oil blotting paper
爪切り	nail clippers (nail scissors)

第**4**章

サービス利用

最近は外国人観光客の方を至るところで見るようになりました。「え？こんなところに？」なんてこともあると思います。いろいろなサービスの利用の仕方を知らないお客様も多いので、簡単な説明はできるようにしておくと役立ちます。

UNIT 32 予約確認

ご予約確認だけでなく、お客様の大切な持ち物を預かるときの
フレーズも練習します。

---

1 ご予約はされていらっしゃいますか？

ドゥ ユー ヘァヴ ァ レザヴェイシャン
Do you have a reservation?

▶「予約」reservation
🔄 [an appointment：約束、アポイント] ※お店や会社、組織の担当者と会うときに使う

👉 一般的にお店で予約確認するときに使うフレーズです。

---

2 お名前をお伺いしてもよろしいですか？

メイ アイ ヘァ(ヴ) ユァ ネイ(ム) プリー(ズ)
May I have your name, please?

▶「名前」name

👉 What's your name? は「何て名前ですか？」の印象。お客様への言葉としてはふさわしくありません。

---

3 こちらでコート、お持ち物をお預かりいたしましょうか？

シャライ キー(プ) ユァ コゥ(トゥ)エン(ドゥ) ビロンギング(ス) ヒァ
Shall I keep your coat and belongings here?

▶「コート」coat 「（持ち運びできる）持ち物」belongings

👉 美容室、サロン等の受付でも使える表現です。Shall I ～? で「～しましょうか？」の意味。

サービス利用

4 貴重品はお持ちになってください。

クジュ キー(プ) ユァ ヴァリュァボゥ ティング(ス)ウィ(ドゥ) ユー
Could you keep your valuable things with you?

▶「貴重品」valuable things 「あなたと一緒に」with you

☞ お店の受付で上着や大きめの荷物を預かる際、貴重品はお客様ご自身で持つことをお願いしましょう。

5 こちらがお預かりの番号札です。

ヒァ(ズ) ダ ナンバァ テァ(グ)
Here's the number tag.

▶「番号札」a number tag
「札」card（カードタイプのもの）、tag（小さめな紙、プラスチックのもの）

☞ 札の種類は様々でカードタイプなら「card」、小さめな紙やプラスチックの札なら「tag」を使うとよいでしょう。

✏️ お役立ちメモ

　飲食店やサロン等で、予約を受けた場合は予約内容や名前の確認をした後、受付にて上着や持ち物を預かることがあります。その際、貴重品を自分で携帯するようお願いしたり、預かり札がある場合は渡します。予約の確認だけでなく、お客様の大切な上着や持ち物を預かることも大切な仕事です。
　このUNITではそうしたやりとりも練習できます。ご予約の有無、お名前の確認は、UNIT2もご参照ください。

UNIT 33 席へ案内

席へのご案内は意外とバラエティに富んでいます。

---

1 喫煙席、禁煙席どちらをご希望ですか？

ウジュ ライ(ク) スモッキン(グ) オァ ノン スモッキン(グ)
Would you like smoking or non-smoking?

▶「喫煙」smoking 「禁煙」non-smoking

☞「席」は seat ですが、このフレーズでは特に seat を言わなくても喫煙席か禁煙席のどちらかを意味します。

---

2 ご相席でもよろしいですか？

ウジュ マイン(ドゥ) シェァリン ガ テイボゥ
Would you mind sharing a table?

▶「相席（テーブルを共有する）」share a table

☞ Would you mind 〜 ing? は「〜を気にしますか？」と聞いているので、答えが Yes なら「気にする（相席は嫌だ）」、NO なら「気にしない（相席は OK）」という意味です。

---

3 間もなくテーブルをご用意できますので、少々お待ちください。

ユァ テイボゥ ウィゥ ビー レディ スーン
Your table will be ready soon.
クジュ ユ ウエイ(トゥ)ファ ア モゥメン(トゥ)
Could you wait for a moment?

▶「間もなく」soon 「テーブルを用意する」a table will be ready

☞ ready は「準備が整う、用意が出来ている」という意味です。

96

サービス利用

4 テーブル席、カウンター席、どちらがよろしいですか？

ウジュ ライ カ テイボゥ オァア カウンタァ
Would you like a table or a counter?

▶「カウンター席」counter

☞ table は「テーブル」というカタカナ発音にならないようにしましょう。

5 お好きな席へどうぞ。

ユー クン テイ(ク) エニィ テイボゥ ユー ライ(ク)
You can take any table you like.

▶「お好きな席」any table you like

☞ このフレーズの意味は「あなたのお好きな席を取ることができますよ」という意味です。

✏️ お役立ちメモ

単なる空いている席に案内するのではなく、喫煙か禁煙を確認する、相席時の対応、テーブル席かカウンター席のご案内をこのUNITで練習します。突然大人数のお客様が来られた際のテーブルセッティング時も、A moment, please.「少々お待ちください」だけではなく、「間もなくテーブルをご用意できますので」という一言があるとお客様も嬉しいでしょう。このUNITでバラエティに富んだ席へのご案内フレーズを練習していつでもお客様をお迎えできる準備をしましょう。満席のご案内はUNIT2もご参照ください。

97

UNIT 34 メニューの説明

メニューの簡単な説明を学びましょう。

1 こんばんは。おしぼりをどうぞ。

グ(ドゥ) イーヴニン(グ)　ヒァ ザハァッ(トゥ)タゥアゥ ファ ユー
Good evening. Here's a hot towel for you.

▶「熱いおしぼり」hot towel　🔄 [cold：冷たい]

　👉 何か物をお客様に差し出す際の Here's 〜．「〜をどうぞ」を覚えておくと便利です。

2 こちらがメニューです。

ヒァ(ズ)　ダ　メニュー
Here's the menu.

▶「メニュー」menu

　👉 フードとドリンクのメニューを差し出しながら Here's the food menu and drink menu. と言うこともできます。

3 こちらが本日のランチです。

ディスィー(ズ)トゥデイ(ズ) ラン(チ) メニュー
This is today's lunch menu.

▶「本日の」today's

　👉 本日のランチを「the lunch of the day」と訳しているのも見かけますが、「today's」のほうが伝わりやすいです

98

サービス利用

4 こちらをおすすめします。

We recommend this.
ウィ リカマン(ドゥ) ディ(ス)

▶「すすめる」recommend

☞「おすすめ」は、recommendation です。

5 ご注文がお決まりになりましたら、お声をかけてください。

When you are ready to order, could you call the staff?
ウェン ユー アー レディ トゥ オゥダァ クジュ コーゥ ダ ステァッ(フ)

▶「注文が決まる(注文する準備ができる)」ready to order

☞「お声をかける」は、「呼ぶ」ことなので call を使います。

✏️ **お役立ちメモ**

　メニューを説明する場合、本来ならお料理について詳しい説明を求められる場合もありますが、このUNITでは簡単なご案内を学びます。飲食店に行くと、メニューだけを差し出しているのを見かけますが、やはり言葉を添えて手渡すほうがお客様も嬉しいでしょう。「本日のランチ」、「おすすめ」といった日本語では当たり前のことも英語で言えるようにしておくと、助けになります。そして、メニュー説明の終わりは「ご注文が決まりましたら、お声をかけてください」。そんなに難しいフレーズではないので覚えれば会話を楽しめます。

99

UNIT 35 アレルギー

お客様が安心できるように、アレルギー対応の練習をします。

---

1 食物アレルギーはありますか？

ドゥ ユ ヘァ(ヴ) エニィ フー(ドゥ) エァラジー(ズ)
Do you have any food allergies?

▶「アレルギー」allergy　🔄 [cosmetics：化粧品] [medicine：薬]

👉 飲食店での注文、化粧品や薬の購入前に聞けると、アレルギー持ちのお客様は安心します。

---

2 かなり重いナッツアレルギーなのですね。分かりました。

ユー ヘァ(ヴ) アストゥローン(グ)アラァジィー トゥ ナッ(ツ) アイスィー
You have a strong allergy to nuts. I see.

▶「ナッツアレルギーである」allergy to nuts　「重い（つらい、耐えがたい）」strong
🔄 [eggs：卵] [wheat：小麦] [shellfish：貝・甲殻類]

👉 大切なことなので、お客様が「重いアレルギー」であることを復唱して確認している様子です。

---

3 この薬を飲むと発疹が出るということですね。分かりました。

イフユー テイ(ク) ディス メディスン ユウゥ ヘァ(ヴ)ラッ(シュ)アイスィー
If you take this medicine, you'll have rash, I see.

▶「薬」medicine

👉 2と同様、お客様のお話を復唱して確認している様子です。

サービス利用

4 シェフに確認してまいります。

アイウアス(ク)アゥア シェ(フ) ファ ユー
I'll ask our chef for you.

▶「(人に) 確認する」ask 🔄 [**boss**：上司] [**pharmacist**：薬剤師]

　☞ 自分より立場が上の人、専門の人に詳しく聞くときに、下線の部分に肩書き・職業名を入れて使います。

5 確認したところ、この中にこの成分は入っていません。

アイチェック(トゥ) ディー(ズ) イングリディァン(ツ) アー ナッティンクルーディ(ドゥ)
I checked. These ingredients are not included.

▶「成分」ingredients

　☞ not をしっかり強調して時に首を横に振りながら言うと伝わりやすいです。

📝 お役立ちメモ

人によっては命にかかわるアレルギーのお話です。お客様の中には様々な体質の方がいらっしゃるので、飲食、化粧品、薬の分野に関わる方にはぜひ知っていただきたいです。広範囲にわたるアレルギーの内容ですが、お仕事の参考になる部分はどんどん使ってください。私も海外で抗生物質を摂取した後発疹が出て非常に不安でした。アレルギーをお持ちのお客様が安心して過ごせるためのお手伝いを多くの皆さんにして欲しいと思ってお届けします。

UNIT 36 宗教等による制限

多文化のお客様のお手伝いができるプロフェッショナルなスタッフになりましょう。

1 こちらにベジタリアンメニューがございます。

ヒァ(ズ) ダ ヴェジテァリァン メニュー
Here's the vegetarian menu.

▶「ベジタリアン(菜食主義者)」vegetarian

☞ メニューの他のページにベジタリアンメニューも用意しているときに使えます。

2 当店にはベジタリアンラーメンがあり、ゴマ油、塩、野菜が入っています。

ウィ ヘァヴァ ヴェジタリアン ラーメン ウィ(ドゥ) セ サ ミ オイゥ
We have a vegetarian ramen with sesame oil,
ソゥ(トゥ)エン(ドゥ)サ(ム) ヴェジタボゥ
salt, and some vegetables.

▶「ゴマ油」sesame oil

☞ 今や世界中でラーメンは人気です。ベジタリアンラーメンも実際出しているお店があります。

3 ハラル料理もございます。

ハラーゥ フー ディ(ズ)アヴェイラボゥ トゥー
Halal food is available, too.

▶「ハラル(イスラム教の戒律に従ったという意味)」halal
「得られる、利用できる」available

☞ ハラル料理を用意している飲食店では、自信を持ってこう伝えましょう。

サービス利用

4 特にハラル料理はございませんが、ソフトドリンク、魚や野菜を使ったお料理はいかがですか？

ウィー ヘァ(ヴ) ノゥ ハラーゥ フー(ドゥ) バッ(トゥ) ウィー クン アファー サフ(トゥ)
We have no halal food, but we can offer soft
ドゥリンク(ス) フィッ(シュ) エァン(ドゥ) ヴェジタボゥ ディシー(ズ)
drinks, fish and vegetable dishes.

▶「提供する」offer

☞ ハラル料理を用意していなくても、ソフトドリンク、魚や野菜の料理をすすめるとお客様も選びやすいようです。

5 刺青の入ったお客様もご利用いただけます。

イッ(ツ) アヴェイラボゥ ファ ダ ゲス(トゥ) ウィ(ドゥ) タトゥー(ズ) トゥー
It's available for the guests with tattoos, too.

▶「刺青」tattoo 「〜も」too

☞「〜も」の「too」は、文末につけます。

✏️ お役立ちメモ

　日本国内で過ごしていると、宗教や信仰によって摂取する食べ物に制限があるという場面にあまり遭遇する機会はありません。しかし、海外ではそれが当たり前です。ベジタリアン、ハラルといった言葉に聞かれるように、来日するお客様もそうです。入れ墨については最近議論が交わされているようですが、施設の考えにより利用可・不可としているようです。生活習慣があまりにも違うと驚きがちですが、彼らにとっては普通の日常なので、コミュニケーションをとって何が必要かを聞いてお手伝いしてください。

UNIT 37 食べ方

日本のお料理の独特な食べ方を案内します。

CD 47

1 このように麺をつゆにつけて食べてください。

ディッ(プ) ダ ヌードゥ(ズ) イン ダ ソー(ス) ライ(ク) ディ(ス)
Dip the noodles in the sauce like this.

▶「つゆ」sauce 「このように」like this 「つける」dip

☞ 動作に合わせて言葉を出す練習をすると、お客様の前で親切な説明ができるようになります。

2 ここにしょうゆや他のたれを入れ、つけて食べます。

ユー(ズ) ソイ ソー(ス) オァ ディ アダァ ソー(ス) ヒァ ディッ(プ)
エン(ドゥ) イー(トゥ)
Use soy sauce or the other sauce here, dip and eat.

▶「しょうゆ」soy sauce 「つける」dip

☞ 刺身、寿司、点心類などたれをつけて食べる料理を出す場合に使えます。

3 中はとっても熱いので、このように切ったほうがいいですよ。

ディ インサイ(ドゥ) イ(ズ) ヴェリ ハァッ(トゥ) ソゥ ベタァ トゥ カッ(トゥ) カビッ(トゥ)
ライ(ク) ディ(ス)
The inside is very hot, so better to cut a bit, like this.

▶「熱い」hot 「切る」cut

☞ たこ焼き、餃子等の点心類は中がとても熱いので、あなたのこのひとことでお客様のやけどを防ぎましょう。

サービス利用

4 殻、串はここに入れてください。

プリー(ズ) プッ(トゥ) ダ シェゥ(ズ) エン(ドゥ)スティック(ス) ヒ ァ
Please put the shells and sticks here.

▶「殻(貝、甲殻類の)」shell 「串(やきとり、串揚げなどの)」stick

☞ 貝やカニ、エビの殻、焼き鳥等の串を入れる器等を用意したときに使えます。

5 これは無料トッピングですので、自由にお取りください。

ディスィー(ズ)フリー オ(ヴ) チャー(ジ) タピン(グ) ヘゥ(プ) ユァセゥ(フ)
This is free-of-charge topping, help yourself.

▶「無料トッピング」free-of-charge topping
「自由に取る(セルフサービス)」help yourself

☞ ラーメン、うどんなどの無料トッピングを自由に取ってよいことを説明する際に使えます。

📝 お役立ちメモ

ざるそば・うどん、刺身、餃子など、日本のお料理は小さなお皿に調味料を入れてお料理をつける食べ方を必要とするものが多いです。また焼き鳥の串、貝や甲殻類の殻の捨てる場所も必要になります。私がここで伝えたいのは、たこ焼き、餃子等の焼きたての料理は、そのまま口に入れるとやけどを負う可能性が大ということです。そういったことも案内できる店員さんであれば、たくさんのお客様が助かるでしょう。

UNIT 38 飲食店の券売機

カウンター式飲食店での券売機の使い方をご案内できるようになりましょう。

1 こちらでチケットを買ってください。

ユー クン バイ ア ティケッ(トゥ) ヒァ
You can buy a ticket here.

▶「チケット」ticket

> you can ～は、元々「～できますよ」の意味ですが、やんわりと「～してください」と言いたいときに使えます。

2 券売機で先にチケットを買ってください。

プリー(ズ) バイ ア ティケッ(トゥ)アッ(トゥ) ダ ヴェンディン(グ) マ シーン
Please buy a ticket at the vending machine.

▶「券売機」vending machine

> vending machine といえば「自動販売機」のことですが、券売機も表せます。指示するときには「Please ～」をつけて伝えます。

3 ここにお札、ここにコインを入れてください。

プリー(ズ) インサー(トゥ) ビゥ(ズ) ヒァ エン(ドゥ)コイン(ズ) ヒァ
Please insert bills here and coins here.

▶「入れる」insert 「お札」bill 「コイン」coin

> 自動販売機自体が珍しいという方もいるので、お金の入れ方も説明できるとお客様が助かりますね。

サービス利用

4 ここはラーメンです。

Here is "ramen".
ヒァ イ(ズ) ラーメン

▶「ラーメン」ramen　🔄 [**beef bowl**：牛丼] [**udon**：うどん] [**soba**：そば]

☞ それぞれのお店のメニューを見ながら案内するときに使えます。

5 ここはトッピングのメニューです。

Here is the topping menu.
ヒァ イ(ズ) ダ タッピン(グ) メニュー

▶「トッピング」topping

☞ ラーメン、カレー、牛丼屋さんでは卵などのトッピングを選ぶのも楽しみの一つですね。

📝 お役立ちメモ

　最近海外のお客様に人気なのが、ラーメン、牛丼、うどん等のようなカウンター式の飲食店です。これらの飲食店は食べる前に券売機でチケットを買うところが多いです。券売機自体が珍しいお客様もいると思いますので、お金の入れ方もご案内できるといいですね。メイン料理の麺、丼の他、トッピングメニューや付け合せの料理もあり細かいご案内が必要です。簡単な説明が出来るようにしていきましょう。ここにも出していますが、自分の職場のメニューを英語で言えるように調べておくと助けになります。

UNIT 39 飲料・施設の自販機

当たり前のようにある自販機での飲み物などの購入も海外の人にとっては新鮮なようです。

---

1 こちらが飲み物用の自動販売機です。

ヒァイ(ズ) ダ ヴェンディン(グ) マシーン ファ ドリンク(ス)
Here is the vending machine for drinks.

▶「自動販売機」vending machine 「飲み物」drinks
🔄 [snacks：お菓子] [ice cream：アイスクリーム]

☞ お菓子には様々な単語がありますが、ここでは「軽食・おやつ」という意味で「snacks」を用いています。

---

2 こちらで入浴券をお買い求めください。

プリー(ズ) バイ アティケッ(トゥ) トゥ テイ カ バ(トゥ) ヒァ
Please buy a ticket to take a bath here.

▶「入浴券」ticket to take a bath

☞ 英語では「入浴券」というと「入浴するための券」になるので、Please buy a ticket でのご案内でも通じます。

---

3 タオルもここで買えます。

ユー クン バイ ア タウゥウ ヒァ
You can buy a towel here.

▶「タオル」towel

☞ 自販機でタオルも買える温浴施設もありますね。

サービス利用

4 こちらが大人の方の料金です。

Here is the price for adults.
ヒァ (ズ) ダ プライ(ス) ファ アダゥ(ツ)

▶「料金」price　🔄 [children below elementary school age：小学生以下のお子様]

> 温浴施設では、お客様の年齢等によって料金が変わるので説明できると便利です。

5 こちらが市内在住、市外在住のお客様の料金です。

Here is the price for local residents, and travelers.
ヒァ (ズ) ダ プライ(ス) ファ ローコゥ レジデンツ エン(ドゥ) トラヴェラァ(ズ)

▶「市内在住者」local resident　「市外在住者」traveler

> 市外在住者＝旅行者と考え、ここでは travelers を使っています。

✏️お役立ちメモ

　日本は自販機大国といっても過言ではないくらい、街には自販機があふれています。それだけ日本が安全であるという証拠なのでしょう。最近海外のお客様に人気のある温浴施設も自販機でチケットを購入するところが多いです。ここでは温浴施設でのご案内を増やしました。お金の入れ方は、UNIT38を参照にしてください。入浴券とタオルなどのアメニティも買えます。そして温浴施設では、市内在住者と市外在住者で料金が異なるケースがあります。明らかに料金が違うことは数字で分かるので、なぜ異なるのか説明できるようにしておきましょう。

UNIT 40 セルフサービス

セルフサービスでお願いするお店でのご案内です。

---

1 ビュッフェをご用意しています。ご自由にどうぞ。

ウィー サーヴァ ブフェイ ユー クン ヘゥ(プ) ユァセゥ(フ)
We serve a buffet, you can help yourself.

▶「ビュッフェ」buffet

　バイキングは和製英語です。buffet と言いましょう。

---

2 使用済みのトレーやお皿はこちらにご返却ください。

プリー(ズ) リターン ダ ユーズ(ドゥ) トレィ(ズ) エン(ドゥ) ディッシー(ズ) ヒァ
Please return the used trays and dishes here.

▶「返す」return 「トレー」tray 「皿」dish

　ファストフード店でご案内できます。

---

3 こちらで袋詰めできます。

ユー クン プッ(トゥ) ダ アイテ(ムズ) イン ダ ベァッ(グ) ヒァ
You can put the items in the bag here.

▶「詰める」put

　スーパー、100円ショップなどで使えます。

サービス利用

4 給油を始める前に、必ずここにタッチしてください。

ビフォァ　ユー　スター(トゥ)フィリン(グ)　ユー　マス(トゥ)　タッ(チ)　ヒァ
Before you start filling, you must touch here.

▶「満たす」fill

☞ セルフのガソリンスタンドではこのご案内が必要ですね。

5 お席を先に確保の上、ご注文ください。

プリー(ズ)　リザー(ヴ)　ユァ　スィー(トゥ)ビフォァ　ユァ　オゥダァ
Please reserve your seat before your order.

▶「確保する」reserve

☞ ファストフード店などで使えるフレーズです。

✎お役立ちメモ

セルフサービスとは、販売員による接客サービスを受けずにお客様ご自身で買い物を完結する販売方法のことです。ファストフードやコーヒーチェーン店等で時折細かいご案内が必要です。飲食店では、使用済みの食器やトレーの返却があります。また、セルフといったらガソリンスタンド。ガソリンを入れる前に必ずやらなければならない大切なことも案内できれば、お客様はもっと日本を楽しめます。

UNIT 41 ゴミ分別

環境を守るお願いをするのも、スタッフの大切な仕事です。

1 ここではゴミを分別していただけますか？

クジュ　セパレイ(トゥ)　ダ　ガーベイ(ジ)　ヒァ
Could you separate the garbage here?

▶「ゴミ」garbage

☞ ゴミという単語は他に、waste、trash、rubbish もあります。国や地域により使う単語が違います。

2 ここは燃えるゴミです。

ヒァ イ(ズ) ダ　フレェマボゥ　ガーベイ(ジ)
Here is the flammable garbage.

▶「燃えるゴミ」flammable garbage
↻ [non-flammable：燃えない] [plastic：プラスチック]

☞ この言葉を添えてゴミ箱を案内すると伝わりやすいです。

3 ペットボトル、カンは、こちらに入れてください。

プリー(ズ)　プッ(トゥ)(ペットゥ)　ボトゥ(ズ)　エン(ドゥ)キャン(ズ)　ヒァ
Please put PET bottles and cans here.

▶「ペットボトル」PET bottle 「カン」can

☞ ペットボトル、カン用のごみ箱を指しながら案内すると伝わりやすいです。

サービス利用

4 ゴミはお持ち帰りいただけますか？

キャン ユー テイ(ク) ユァ ガーベイ(ジ) ウィ(ドゥ) ユー
Can you take your garbage with you?

▶「〜を持ち帰る」take 〜 with you

☞「あなたのゴミをあなたと一緒に持ち帰ってください」という意味です。

5 ここにゴミ箱はありません。

デェァリ(ズ) ノゥ トラッ(シュ) キャン ヒァ
There is no trash can here.

▶「ゴミ箱」trash can

☞「ゴミ箱」はアメリカ英語だと trash can、イギリス英語だと dustbin です。

✎お役立ちメモ

日本は自治体にもよりますが、ゴミ分別がかなり細かい国です。観光地、特に世界遺産に登録された場所によってはゴミの持ち帰りを町全体でお願いしている所もあります。海外の方にはなかなか馴染みにくい習慣かもしれませんが、日本でのルールは守ってもらえるよう、毅然と伝えていきましょう。ゴミの分別・持ち帰りはお客様に呼びかけることで日本の環境を守ることにつながります。また、「ゴミ箱はないか？」という質問もよく聞かれますので、答えられるようにしておきましょう。

UNIT 42 レンタル契約

当日予約を想定した場合のレンタル契約時のフレーズです。

---

1 お車のレンタルですか？

ウジュ ライ(ク)トゥ レン タ カー
Would you like to rent a car?

▶「レンタルする」rent 🔄 [bicycle：自転車] [kimono：着物]

☞ rent「賃借（賃貸）する」の名詞形が rental で、英語ではレンタルではなく「レントゥ」と発音します。

---

2 何時間のご利用ですか？

ハゥ メニィ アゥア(ズ) ウィゥ ユー ニー(ドゥ)
How many hours will you need?

▶「何時間」how many hours

☞ 様々なコースがあると考えますが、とりあえずこのフレーズを言えば利用時間を答えてもらえます。

---

3 身分証明書のご提示と、こちらにお名前、ホテルの住所、電話番号のご記入をお願いします。

クジュ ショゥ ユア アイディーカー(ドゥ) エンドゥ ライ(トゥ) ユア ネイ(ム)
Could you show your ID card, and write your name,
ホゥテゥ アドレ(ス) エン(ドゥ) テレフォン ナンバァ ヒァ
hotel address, and telephone number here?

▶「提示」show 🔄 [driver's license：運転免許証]

☞ 必要な身分証、免許証についてはサービスにより異なります。ふさわしい単語を下線に入れてください。

サービス利用

4 こちらから車の種類を選んでいただけますか？

Could you choose the type of car from here?
クジュ チュー(ズ) ダ タイ(プ) オ(ヴ) カー フラ(ム) ヒァ

▶「種類、タイプ」type [bicycle：自転車] [kimono：着物]

☞ 下線を入れ換えれば、いろいろなレンタルで応用できます。

5 返却時間を過ぎる場合はこちらにお電話ください。いってらっしゃいませ。

Please call this number if you pass the return time. Have a nice day!
プリー(ズ) コーゥ ディス ナンバァ イフ ユー ペァス ダ リターン タイ(ム) ハヴ ァ ナイ(ス) デイ

▶「返却時間」return time

☞ レンタルサービス契約には欠かせないひとこと。レンタカーなら Enjoy safe driving! も良いかもしれません。

✏️ **お役立ちメモ**

　海外のお客様の利用が増えているのが、レンタカー、レンタサイクルのようです。最近地方を旅する方が多く、景色の美しい日本のサイクルロードも注目されているようですね。特に女性には着物のレンタルも人気です。ここでは、レンタル契約のやりとりを練習します。レンタルの内容により様々なご案内があるのは重々承知していますが、ここではキーフレーズとなるものを考え、ピックアップしました。

UNIT 43 電化製品修理

お店の修理カウンターに持ち込まれたときのフレーズ練習です。

1 こんにちは。修理ですか？

グッ(ドゥ) アフタヌーン フォー リペァ
Good afternoon. For repair?

▶「〜が目的で」for 「修理」repair

☞ 機械を持ち込まれたお客様に簡単に修理依頼か否かを確認するフレーズです。

2 故障内容によります。

イッ(トゥ) ディペン(ズ) オーン ダ プラーブレ(ム)
It depends on the problem.

▶「故障の問題」problem

☞ 持ち込んだ途端 "How many days?(何日かかるか？)" "How much?(いくら？)" と聞かれた際、このように答えるのが無難です。

3 （故障内容を）確認するのにお待ちいただけますか？

キャン ユー ウェイ(トゥ) ゥワイゥ イッ(ツ) チェック(トゥ)
Can you wait while it's checked?

▶「〜をお待ちいただけますか？」Can you wait〜?

☞ it は problem「故障内容」を指す代名詞です。while it's checked は「故障内容をチェックしている間」という意味です。

サービス利用

4 このノートパソコンの修理には3週間必要です。

ウィー ニー(ドゥ) トゥリー ウィーク(ス) トゥ リ ペ ァ ディス レァプタッ(プ)
We need three weeks to repair this laptop
カンピュータァ
computer.

▶「ノートパソコン」laptop computer　🔄 [**camera**：カメラ]

👉 this laptop computer のところを扱う製品の他、it に置き換えても OK です。

5 いかがされますか（何をなさりたいですか）？

ゥワッ(トゥ) ウ ジ ュ ライ(ク) トゥ ドゥー
What would you like to do?

▶「何」what　「～したいのですが」would you like to do

👉 お客様の予想以上に修理がかかりそうな場合、修理を申込みするか判断を伺うときに使うフレーズです。

✏️ お役立ちメモ

　　電化製品のことを英語では electric appliance と言います。お店の修理品カウンターに持ち込まれたときを想定したやりとりを練習します。修理内容や保証内・外により修理日数・金額が変わるものなので、やりとりはもっと増えますが、ここでは本修理に入る前までのやり取りを練習します。本修理の前には実際修理に入ってよいか確認することがたくさんあります。

UNIT 44 配送

お店での配送サービス、手荷物配送サービスを受けたいお客様へのご案内フレーズです。

1 当店には配送サービスがございます。

ウィー ヘァヴ ア デリヴァリー サーヴィ(ス)
We have a delivery service.

▶「配送サービス」delivery service

　配送サービスがあることを伝える表現です。

2 配送をご希望ですか？

ウジュ ュ ライカ(ス)トゥ デリヴァ
Would you like us to deliver?

▶「配送する」deliver

　「〜をご希望ですか？」を英語で言う際、「当店に〜して欲しいですか？」という発想で聞くと簡単です。

3 配送は有料です。

ウィー チャー(ジ) ファ デリヴァリー
We charge for delivery.

▶「〜は有料です」charge for〜

　charge for 〜の英語本来の意味は「〜のために請求します」です。Weは「当社」、「当店」の意味。

サービス利用

4 地域により、配送料が異なります。

ディペンディン(グ) オーン ディ エァリア ダ デリヴァリー チャー(ジ)
Depending on the area, the delivery charge
イズ ディファレン(トゥ)
is different.

▶「地域により」Depending on the area

👉 地域により異なる場合にご案内できるフレーズです。

5 「サクラ」という配送業者が届けます。

ダ デリヴァリー カンパニー コーゥ(ドゥ) サクラ ウィゥ
The delivery company called SAKURA will
デリヴァ
deliver.

▶「配送業者」delivery company

👉 SAKURAのところに配送業者の名前を入れられます。

✏️ お役立ちメモ

　買い物で荷物が多くなってしまったというお客様が配送を利用するときがあります。ここでは、Can you deliver to the hotel ?「ホテルまで届けてくれる？」と聞かれたときに答えられるよう練習します。商業施設での配送カウンターでのやりとりを想定した練習もできるようにフレーズを用意しました。配送する地域により配送料が変わることも案内できるようにしています。配送のご案内で大切なのは、配送業者の名前を伝えることです。日本語での説明もややこしい中、英語も入ってくると大変ですが簡単なフレーズですのでチャレンジしてみてください。

UNIT 45 宅配

宅配カウンターに持ち込まれたときのやりとりです。

---

1 この住所へ送りたいのですか？

ウ・ジュ ライ(ク) トゥ デリヴァリッ(トゥ)トゥ ディス アドレ(ス)
Would you like to deliver it to this address?

▶「住所」address

☞ 日本の住所が間違って表記されている場合があるので、送付手続き前にこのように聞くほうが無難です。

---

2 住所と郵便番号を確認してもよろしいですか？

メイ ウィー チェッ(ク) ディ アドレ(ス) エン(ドゥ) ポストゥ コウ(ドゥ)
May we check the address and postal code?

▶「郵便番号」postal code

☞ 住所がないと言われて戻って来てしまわないように、確認します。

---

3 送る物をこちらに詳細に書いてください。

プリー(ズ) リス(トゥ) ディ アイテム(ズ) ユー アー センディン(グ) イン ディティゥ
Please list the items you are sending in detail.

▶「物」items 「詳細に」in detail 「書く(リスト状に)」list

☞ 中身の詳細が大切です。

サービス利用

4 割れ物、冷蔵・冷凍のものは入っていますか？

エニィ フラジョウ クーゥ(ドゥ) オァ フロゥズン アイテ(ム)ズ ィンサイドゥ
Any fragile, cooled, or frozen items inside?

▶ 「割れやすい」fragile 「冷蔵の」cooled 「冷凍の」frozen

☞ 割れ物、冷蔵、冷凍の場合、取り扱いに注意するため、この質問は欠かせないですね。

5 こちらが着払いの伝票です。

ヒァ ズ ディ インヴォイ(ス) ファ キャッシュオーン デリヴァリー
Here is the invoice for cash on delivery.

▶ 「着払い」cash on delivery 「伝票(送り状)」invoice

☞ 元払いと伝票が異なる場合、着払い伝票をご案内するのに使えます。

✏️ お役立ちメモ

　　国内の宅配便も最近は利用が多いようです。特にスーツケース等の大きな荷物を駅の宅配便カウンターから宿泊先まで届けるサービスがあるようですね。ここで気をつけたいのが、日本の住所確認です。海外の方にありがちなのが、送り先の住所をあいまいに書いたために、その住所が存在しないということです。このため、住所と郵便番号を確認する表現も入れました。着払いか元払いにより伝票も異なるので、それも確認できたらいいですね。

UNIT 46 郵便

主にEMS、国際小包を送付する際にご案内するための練習です。

1 航空便で最大20kgです。

フォア エア ダ マキシマム イ(ズ) トゥエンティー キログラ(ムズ)
For air, the maximum is 20 kilograms.

▶「最大」maximum ↺ [ship：船便]

👉 重要な案内です。練習しましょう。

2 EMSと国際小包のどちらで送りますか？

ウ ジュ ライ(ク) トゥ セン(ドゥ) バイ イーエ(ム)エ(ス) オァ
Would you like to send by EMS or
インタァネショノゥ パァソゥ
international parcel?

▶「国際小包」international parcel

👉 伝票を貼らずに小包だけ持ち込まれたときに聞くフレーズです。

3 船便の場合、到着に約2ヶ月かかります。

バイ シッ(プ) アバウ(トゥ) トゥー マン(トゥ)
By ship, about two months.

▶「船便で」by ship ↺ [air：航空便] [SAL：SAL便]

👉 「～便で」の「で」を、英語では「by」で表します。months の所に weeks (週)、days (日) を入れ換えて練習してください。

4 EMSはより速くて、追跡も可能です。

イーエ(ム)エ(ス) イ(ズ) ファスタァ エン(ドゥ) ウィ クン トゥレイスィッ(トゥ)
EMS is faster and we can trace it.

▶「より速い」faster 「追跡する」trace

📝 メリットを伝えることも重要ですね。

5 こちらの伝票にご記入をお願いします。

ク ジュ ュ フィラウ(トゥ) ディ(ス) インヴォイ(ス)
Could you fill out this invoice?

▶「書く（空欄を埋める）」fill out

📝 fill out は「必要事項全てを記入する」、fill in は「名前など空所・空欄を埋める」の意味があると聞きますが、この区別は厳密ではありません。

✏️ お役立ちメモ

このUNITでは、海外のお客様が利用するであろうEMS、国際小包のやりとりを集めました。郵便局だけでなくても、宿泊施設や一部の施設でも受けていると思います。このため、郵便局員でなくてもそのつもりで対応を求められます。国際郵便は、国により送付できる大きさと、航空便、船便、SAL便での最大重量が異なっています。フレーズと同時に数字が簡単に出てくるよう日々の練習を重ねて、ご案内しやすい素地を作りましょう。

UNIT 47 送付条件確認

国際郵便送付時、危険物が入ってないか等を確認するやりとりです。

1 この中に危険物は入っていますか？

エニィ デインンジャラ(ス) アイティ(ム)ズ ィンサイ(ドゥ)
Any dangerous items inside?

▶「危険物」dangerous items

☞ 国外へ送る小包の中身はルールが厳しくなっています。危険物一覧の絵を見せながら言葉を出すと効果的です。

2 送り先はマレーシアですね？

トゥ マレイズィ(ア)
To Malaysia?

▶「〜へ、〜向け」to 〜

☞ Malaysia のところに国や地域名を入れて練習してみてください。

3 サイズと重量を量らせてください。

レッ(トゥ) ミー チェッ(ク) ダ サイ(ズ) エン(ドゥ) ウェイ(トゥ)
Let me check the size and weight.

▶「サイズ」size 「重量」weight

☞ 重さ、サイズを量った後送料を出します。少し待ってもらうことになるのでこのように前置きすると親切です。

サービス利用

4 こちらが送料です。

Here's the postal charge.
ヒァ(ズ) ダ ポゥ(ス)トゥ チャー(ジ)

▶「送料」postal charge

　金額を見せながらこのフレーズを言ったほうが伝わりやすいです。

5 もしご心配なら、書留や速達をおすすめします。

If it's important, we recommend registered or express.
イフ イッツ インポァータン(トゥ) ウィ レカマン(ドゥ) レジスタァ(ドゥ) オァ イクスプレ(ス)

▶「書留」registered 「速達」express

　書留郵便は「registered mail」、「速達郵便」は「express mail」ですが、この場合省いて言ってもOKです。

📝お役立ちメモ

　最近はルールが厳しくなり、国内の宅配便も国際郵便も中に危険物が入っていないか念入りに確認する必要があります。日常生活で使うスプレー缶なども対象になるようですので、気軽に日用品を送るのも難しいです。UNIT46でも書きましたが、国際郵便は国により最大重量、大きさが決まっているので、重さも大きさも量る必要があります。大変重要なご案内のため、英語フレーズはなるべく単語は少なく簡潔に伝えられるものにしました。あと、封書を海外に送りたい出張のビジネスマンもいると想定し、書留、速達のことも書きました。

UNIT 48 飲食店トラブル

飲食店での注文違いなどに対応するフレーズの練習です。

---

1 え、そうですか？すぐに確認してまいります。

オゥ　リァリィ　アイゥ　チェッキッ(トゥ)　ライタ　ウェイ
Oh, really? I'll check it right away.

▶「確認する」check

注文したものと違うと言われた場合、注文内容や調理場と確認する表現です。

---

2 大変失礼いたしました。こちらの手違いでした。

ウィー　アー　ソゥ　ソゥリィ　イッ(ツ)　アゥァ　ミステイ(ク)
We are so sorry, it's our mistake.

▶「手違い」mistake

お店のほうの間違いであればすぐに謝罪します。

---

3 ただいま作り直しています。

ウィアー　プリペァリン(グ)　ダ　ライ(トゥ)　ワン
We're preparing the right one.

▶「用意する」prepare

日本語の「作り直す」を英語では「ご注文通り正しい料理を用意している」と表現しています。

126

サービス利用

4 お料理は今すぐにご用意できます。

ユァ オゥダァ ウィゥ ビー レディ インナ フュー ミニッ(ツ)
Your order will be ready in a few minutes.

▶「お料理(注文)」order 「用意できる」will be ready

☞ 長い間待っているとのクレームを受け厨房に確認した後、すぐに用意できる旨を伝えます。

5 再度あたため直してまいります。

ウィゥ ヒーティッ(トゥ)アゲイン
We'll heat it again.

▶「温める」heat

☞ 料理があまりあたたかくないと言われたときに対処するフレーズです。

✐ お役立ちメモ

　問題は起こすのではなく、起きてしまうものだと思います。起きてしまった後の対処がとても大切です。飲食店での注文違いもすぐに調理場に確認後、店側の手違いと分かったら作り直すという素早い対応でお客様から感謝されることもあります。このUNITでもなるべく単語量は少なめで伝わるフレーズを用意しました。飲食店でのトラブル対応に少しでも役立ててもらえれば嬉しいです。

料理に関する単語

★入れ換えて使える便利フレーズ

🔄 **It's ～.**「～です」

🔄 **I recommend ～.**「～がおすすめです」

🔄 **This dish is with ～.**「こちらには～が入っています」

● 調味料・香辛料　CD 59

しょうゆ	soy sauce
酢	vinegar
みりん	mirin, sweet cooking sake
酒	sake
わさび	wasabi, Japanese horseradish
からし	mustard

● 味

甘い	sweet
塩気のある、しょっぱい、塩辛い	salty
からい	hot / spicy ※コショウ、香辛料などを含み口の中でひりひりする感じ。トウガラシ、ワサビなどの辛みも含まれる ※香辛料を豊富に使っているために辛みを感じる
酸っぱい	sour

● 調理法　※使い方の例として料理名を入れています

(鍋に敷く少量の油で) 炒めた	fried
(強火で素早く) 炒めた	stir-fried vegetables（野菜炒め）
(肉・魚などをオーブンで) 焼いた	roasted chicken（ローストチキン）
(直火、焼き網、グリルで) 焼いた	grilled beef（グリルビーフ）

（パン、ケーキ生地をオーブンで）焼いた	baked cheesecake	（ベイクドチーズケーキ）
（パンなどをきつね色にこんがりと）焼いた	toasted bread	（トーストパン）
ゆでた	boiled egg	（ゆで卵）
煮た	stewed vegetables	（煮野菜）
蒸した	steamed fish	（蒸し魚）
揚げた	deep-fried shrimps	（エビの唐揚げ）
和えた	dressed with miso	（味噌和え）
生の	raw	
火の通った	cooked	

●そば・うどん

そば	*SOBA*, buckwheat noodle
うどん	*UDON*, flour noodle
ラーメン	ramen

●和食

たこ焼き	*TAKOYAKI* small ball of wheat flour with bits of octopus
お好み焼き	*OKONOMIYAKI* Japanese pancake fried with various ingredients
牛丼	beef bowl
焼き鳥	barbecued chicken on a bamboo stick

●和菓子

団子	dumpling
饅頭	bun stuffed with sweet bean jam
大福	rice cake stuffed with sweet bean jam
いちご大福	rice cake stuffed with sweet bean jam and strawberry, *MOCHI* strawberry

●素材

鶏肉	chicken
豚肉	pork
牛肉	beef
ラム肉	lamb

料理に関する単語

肉	meat
魚	fish
魚介類	seafood
エビ	shrimp（小さめ）、prawn（大きめ クルマエビ等）
カニ	crab
貝	shell
卵	egg
野菜	vegetable
ごはん	rice
麺	noodle
パン	bread
レタス	lettuce
キャベツ	cabbage
人参	carrot
トマト	tomato
ピーマン	bell pepper
きゅうり	cucumber
ホウレンソウ	spinach
じゃがいも	potato
たまねぎ	onion
ナス	eggplant
キノコ類	mushroom
りんご	apple
バナナ	banana
ぶどう	grape
オレンジ	orange
グレープフルーツ	grapefruit
みかん	tangerine

第 **5** 章

問い合わせ

お客様からの問い合わせにどうやって応対すればいいかを集めています。場所はどこか、どうやって行けばいいかなどお客様の言葉も聞き取れるよう、ダイアローグ形式にしています。

UNIT 49 お客様の感謝

あなたのお店で良い思いをした際に言ってくれる
お客様のコメント。聞き取れると励みになります。

---

1 今日はお越しいただき本当にありがとうございました。

テェンキ ュー ヴェリ マッ(チ) ファ カミン(グ) トゥデイ
Thank you very much for coming today.

▶「〜してくださりありがとうございました」Thank you very much for 〜ing

　どの場所でも使える簡単な別れの挨拶です。

ここでは本当に楽しませてもらったよ。ありがとう。

アイリ リィ エンジョーイディッ(トゥ)ヒァ テェンキ ュー
I really enjoyed it here, thank you.

▶「本当に」really 「楽しむ」enjoy

　海外のお客様はお世辞をあまり言いません。良いものには良いと言ってください。

心のこもったサービス、本当にどうもありがとう。

テェンキ ュー ヴェリ マッ(チ) ファ ユァ ハスピタリティ
Thank you very much for your hospitality
エン(ドゥ)グゥ(ドゥ) サー(ヴィス)
and good service.

▶「手厚いもてなし、親切な歓待」hospitality 「良いサービス」good service

　hospitality と good service はセットにして言われることも多々あります。

問い合わせ

2
ありがとうございました。

テェンキ ュー ヴェリ マッ(チ) サー
Thank you very much, sir.

👉 感謝の気持ちを声に出しましょう。

ここはお料理が本当においしかったよ。

ヴェリ ディシャ(ス) フー(ドゥ) ヒァ
Very delicious food here!

▶「おいしい」delicious

👉 文にしなくても、「おいしいお料理」とするだけで、伝わってきますね。

お役立ちメモ

接客業はご用件やお問い合わせを聞き、商品やサービスを提供する仕事です。加えて、皆さんに聞き取れるようになってもらいたいことがあり、この章で第一に挙げました。それはお客様からのお褒めや感謝のコメントです。非常に貴重で、自分たちがやってきたサービスが通じたと分かる瞬間です。たった一言でも海外のお客様からの言葉は、言葉が通じにくい相手だからこその感動があります。ぜひ聞き取れるようになって、励みにしていってください。

UNIT 50 場所①お手洗い

どの職場でも必ず聞かれるお手洗いの場所。
お手洗いの場所は、様々な聞かれ方があります。

1 お手洗いはどちらですか？

ウェァ ダ レス(トゥ)ルー(ム)
Where's the restroom?

▶「お手洗い」restroom
🔄 [nursing room：授乳室] [restroom for wheelchair users：車椅子利用者用お手洗い]

👉 お決まりフレーズです。授乳室、車椅子利用者用お手洗いも入れて練習しましょう。

このあたりにお手洗いはありますか？

イ(ズ) デァ ラ バァ(トゥ)ルー(ム) アラウン(ドゥ) ヒァ
Is there a bathroom around here?

▶「お手洗い」bathroom

👉 bathroom はお風呂ばかりでなく、お手洗いも表します。

2階でございます。

セカン(ドゥ) フロァ プリー(ズ)
Second floor, please.

▶「2階」second floor

👉「2階へどうぞ」という意味で、please を文末につけています。丁寧な印象を与えます。

問い合わせ

2 すみません。手はどちらで洗えばよいでしょうか？

イクスキュー(ズ) ミー　ウェァ　キャナイ ウォッシュ マイ ヘァン(ズ)
Excuse me, where can I wash my hands?

▶「手を洗う」wash my hands

☞「お手洗いはどちらですか？」の婉曲な言い回しです。異性のスタッフに聞きやすい表現ですね。

あの角を曲がったところです。

ジャスタ ラウン(ドゥ) ダ(トゥ) コー ナー
Just around that corner.

▶「角」corner

☞この表現を言いながら手で右、左を示せば簡単に案内できます。

🖊 お役立ちメモ

　お手洗いは時代の流れとともに進化しています。同時に授乳室もよく聞かれます。車椅子利用者・オストメイト用のトイレもあります。よくmultipurpose toilet（多目的トイレ）とも表記してありますね。お手洗いを表す単語はrestroomに加え、toiletやbathroomもよく使われます。どのお店・施設でも必ず聞かれる大切なことなので、ここで練習して備えましょう。（オストメイト：病気や事故などにより消化管や尿管が損なわれたため、腹部などに排泄のための人工肛門・人工膀胱を造設した人のこと）

UNIT 51 場所②サービス

仕事・観光に限らず、旅先では洗濯、電気の使用も欠かせません。答えられるようにするといいですね。

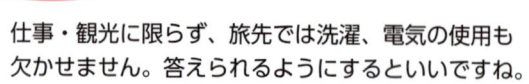

---

1 3つ穴のプラグを探しています。

アイ(ム) ルッキン(グ) ファ アトゥリー ピン プラ(グ)
I'm looking for a 3-pin plug.

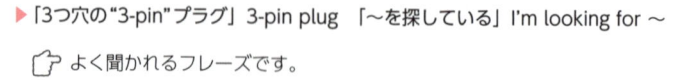

▶「3つ穴の"3-pin"プラグ」3-pin plug 「〜を探している」I'm looking for 〜

　よく聞かれるフレーズです。

コピーを取りたいのです。

アイウォン トゥ メイ カ フォウトカピー
I want to make a photocopy.

▶「コピーを取る」make a photocopy

　「コピー」は make a copy とも言われます。photocopy は写真だけでなく書類の複写のことも言います。

駅の近くにコンビニがありますよ。

ウイー ヘァヴ ァ カンヴィーニァン(ス) ストァ ニァ ダ ステイシャン
We have a convenience store near the station.

▶「コンビニ」convenience store

　「家電量販店」は an electric appliance store ですが、お店の名前を言ったほうが分かりやすいですね。

問い合わせ

2 洗濯場はどこですか？

ウェァリー ザ ローンドゥリィ
Where is a laundry?

▶「洗濯場」laundry

☞ laundry は「洗濯物」を表すときもあります。

この近くにコインランドリーがありますよ。

ア コイン オペレイティッ(ドゥ) ゥワシン(グ)　マ シ ー ン イ(ズ) ニ ァ　ヒ ァ
A coin-operated washing machine is near here.

▶「コインランドリー」coin-operated washing machine

☞ コインランドリーは和製英語です。

✏ お役立ちメモ

　洗濯はハイクラスのホテルでない限り、自分で宿泊場所内のランドリーコーナーで行うか、外のコインランドリーまで出向くことになるでしょう。コピーやプラグも、お仕事で来日したお客様からはよく聞かれます。特にパソコン等の電化製品を本国から持ち込まれている場合、本国のプラグをつなぐため3つ穴式のプラグが必要になります。観光案内は生活案内も兼ねています。これらのお問い合わせ内容を聞き取り、より快適に日本を過ごせるための案内フレーズを練習します。

UNIT 52 場所③お土産

日本独特のお菓子、雑貨がお土産に大人気のこの頃、よく聞かれます。

1 これらのスイーツを買いたいのです。

アイ ウォン トゥ バイ ディー(ズ) スウィー(ツ)
I want to buy these sweets.

▶「スイーツ」sweets

☞ スマートフォンの画面の写真を見せながらこのように聞かれることも多いです。

扇子や風鈴のような日本のお土産はどこで見つけることができますか？

ウェア キャナ イファイン(ドゥ) サ(ム) ジャパニー(ズ)
Where can I find some Japanese
スヴェニァ(ズ) ライ(ク) フェン(ズ) オーゥウィン(ドゥ) チャイム(ズ)
souvenirs like fans or wind chimes?

▶「扇子」fan 「風鈴」wind chime 「お土産」souvenir

桜デパートで売っていますよ。

サクラ ディパートメン(トゥ) ストァ セゥ(ズ) デ(ム)
Sakura department store sells them.

▶「デパート」department store 「売る」sell

☞ Sakura department store のところに、雑貨屋さん等近くのお店を入れてご案内できるといいですね。

問い合わせ

2 息子から日本の漫画本を買って来てと頼まれました。

My son asked me to buy some Japanese comic books.

▶「漫画」comic

👉 A ask B to ～で「AがBに～してと頼む」を表します。

それでは、近くの本屋をご案内しますね。

Well, I'll show you the bookstore near here.

▶「本屋」bookstore

👉「～を案内します」I'll show you ～ . は決まり文句です。

🖊 お役立ちメモ

　最近海外では日本以上にSNSが発達していて、スマートフォンで日本のお菓子の写真を見せて「これ、どこに売っていますか？」と聞かれることが多くなりました。日本独特の雑貨である風鈴、扇子も女性には人気のようです。今まで私が応対したお客様の中で、息子さんが本国で日本語を勉強されていて、学習用に日本の漫画を頼まれたという方もいらっしゃいました。このUNITでの聞き取り練習用にそのときの様子も載せてみました。時代の流れとともに、お土産の幅はどんどん広がっているようですね。

UNIT 53 場所④レストラン

最近では地元の人が行くようなお店も
海外のお客様に知られ、ご利用が増えているようです。

1　胃がもたれないようなものを食べたいです。

アイ ウォン トゥイー(トゥ) サムティン(グ)　ナッ トゥー ヘヴィー
I want to eat something not too heavy.

▶「胃がもたれる(重い)」heavy

☞ 日本は油分の少なめな食べ物が身近にあるので、ご案内しやすいですね。

うどんのレストランをおすすめします。

ウィー リカマン(ドゥ) アン ウドン レストラン(トゥ)
We recommend an *udon* restaurant.

▶「すすめる」recommend

☞ うどんは天ぷら類や天かすをさければスッキリ食べられますね。

果物、フルーツ、スープ、おかゆはいかがですか？

ハゥ アバウ(トゥ) サ(ム) セェラ(ドゥ) フルー(トゥ) スー(プ) オァ ライ(ス) ポリッ(ジ)
How about some salad, fruit, soup, or rice porridge?

▶「日本のお米のおかゆ」rice porridge

☞ 「〜はどうですか？」How about 〜？は、おすすめするときの便利なフレーズです。

問い合わせ

2 地元料理のレストランを探しています。

アイ(ム) ルッキン(グ) ファラ ロゥコゥ フー(ドゥ) レストラン(トゥ)
I'm looking for a local food restaurant.

▶「地元料理」local food

☞ local はついつい「ローカル」と言いたくなりますが、発音に気をつけましょう。

ちょうどこの近くにありますよ。

オゥ ディ(ズ) ワンジャス(トゥ) ニァ ヒァ
Oh, there is one just near here.

▶「この近く」near here

☞ よく使うフレーズなので、覚えておくと便利です。

✐ お役立ちメモ

　時代の流れとともに、お食事の嗜好も変わってきたなと感じます。最近では、地元のローカルレストランやカウンター式のラーメン・牛丼・うどん屋さん、居酒屋さんが人気です。私も来日のお客様をもてなした際、お食事は居酒屋を選んでいたくらいです。居酒屋はメニューの種類が豊富で、ベジタリアンの方にもお酒を飲めない方にもおすすめしやすいのです。また旅行中は何かと胃に負担がかかることも多いので、脂分の少ない食事もおすすめできるよう、ここで学んでおきましょう。

UNIT 54 購入場所

飲み物、ちょっとした食べ物や生活用品の買える場所を聞かれることがあります。

1　果物を買いたいです。

アイウォントゥ　バイ　サ(ム)　フレッシュフルー(トゥ)
I want to buy some fresh fruit.

▶ 「新鮮な」fresh　「果物」fruit　🔄 [medicine：薬]

👉 「市場へ行きたい」と言われる以外、fresh fruit と言われたら近くのスーパー、生鮮食品店をご案内します。

肌寒く感じるので、服が必要です。

アイニー(ドゥ)　サ(ム)　ゥワァー(ム)　クロー(ズ)　ビコー(ズ)アイ　フィーゥ　チリィ
I need some warm clothes, because I feel chilly.

▶ 「肌寒い」chilly

👉 日本では季節の変わり目にしみる肌寒さ。洋の東西関係なく、この肌寒さで風邪を引く人が多いようです。

この近くにスーパーがございます。

ア　スーパマーケット(トゥ)イ(ズ)　ニァ　ヒァ
A supermarket is near here.

▶ 「スーパー」supermarket　「この近くに」near here　🔄 [pharmacy：薬局、ドラッグストア]

👉 日本語のカタカナ「スーパー」では通じません。

問い合わせ

2 飲み物はどこで買えますか？

ウェア　キャナイ　バイ　サ(ム)　ドリンク(ス)
Where can I buy some drinks?

▶「どこで〜できますか？」 Where can I 〜 ?

☞ よく聞かれるフレーズです。

あちらに自動販売機がございます。

ア ヴェンディン(グ) マシーン (ヌ)イ(ズ)オゥヴァ デェア
A vending machine is over there.

▶「自動販売機」 vending machine

☞ 夏は冷たい飲み物、冬は温かい飲み物が豊富に買える自動販売機も海外の方にとってはとても新鮮なようです。

お役立ちメモ

　お土産ではなく、ちょっとした飲み物や食べ物が買いたいと言われたとき、近くのスーパー、コンビニ、ドラッグストアをさっと案内できるようにしておきたいですね。ここでは、お客様が滞在中自分のための買い物をしたいときの英語表現を聞き取り、それに対して答える練習をします。ドリンク、フルーツ、スーパー等の外来語も出てきます。日本語との聞こえ方の違いをよく聞き、英語らしい発音を意識して練習してください。英語の発音に慣れておくと、お問い合わせ時あたふたすることなくご案内ができるようになります。

UNIT 55 道案内 ①

日本語でも難しい道案内の練習です。
話の順序を組み立てて案内できるようになりましょう。

> 1　そちらのオフィスへは駅からどう行けばよろしいですか？

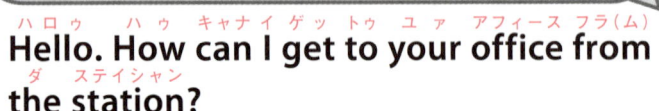

ハロゥ　ハゥ　キャナイ　ゲッ　トゥ　ユァ　アフィース　フラ(ム)
Hello. How can I get to your office from
ダ　ステイシャン
the station?

▶「駅から」from the station

☞ これは電話で連絡を受けている想定です。事前に地図等をもらっていても、その場に行くと分からなくなることはよくありますね。

> 改札を出て右に進むと左手にあります。

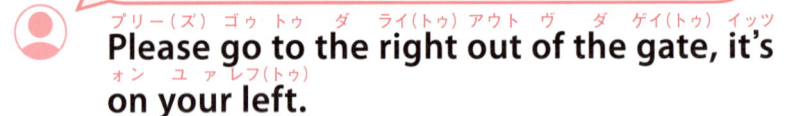

ブリー(ズ)　ゴゥ　トゥ　ダ　ライ(トゥ) アウト　ヴ　ダ　ゲイ(トゥ)　イッツ
Please go to the right out of the gate, it's
ォン　ユァ　レフ(トゥ)
on your left.

▶「改札」gate

☞ 右は right、左は left です。

> 大通りをまっすぐ進み、二つ目の信号を右に曲がってください。

ブリーズ　ゴゥ　トゥ　ダ　ビッ(グ)　ロー(ドゥ) アン(ドゥ) ターン ライ(トゥ)
Please go to the big road, and turn right
アッ(トゥ) ダ　セカン(ドゥ) トラフィッ(ク) ライ(トゥ)
at the second traffic light.

▶「大通り」big road 「信号」traffic light

☞ 曲がる場所の目印に信号を用いると分かりやすいですね。

144

問い合わせ

2 この近くに薬屋さんはありますか？

ハロゥ イズ デァ ア ファーマスィー アラウン(ドゥ) ヒァ
Hello. Is there a pharmacy around here?

▶「薬屋」pharmacy

☞ 薬屋さんを英語で drug store と言ってしまうと誤解される可能性もあります。

はい、この建物の向かい側にありますよ。

イェス ジャス(トゥ) アポズィッ ディス ビゥディン(グ)
Yes, just opposite this building.

▶「〜の向かい側・反対側」opposite 〜

☞ 旅館等の宿泊客から急に具合が悪くなったため薬屋さんに行きたいとよく言われます。

✏️ お役立ちメモ

「道案内くらい英語でできるようになりたい」という人は多いと思います。道案内は日本語でもとても難しく、行き方を知っているだけではできないのです。どの角・何番目の信号を曲がる、〇〇の反対側といったことを明確に出す必要があります。ここでは電話で目的地までの行き方を聞かれたときの問い合わせを聞き、行き方を明確に案内する練習を行います。オフィスでアポイントがあるとき、宿泊客から薬屋さんのお問い合わせがあったときを想定した内容です。

UNIT 56 道案内②地図

現在地が分からないと目的地にたどりつくのは難しいです。
あなたの案内でお客様を安心させてあげましょう。

---

1 道に迷ってしまいました。

アイ カンプリー(トゥ)リーロス(トゥ) マイ ウェイ
I completely lost my way.

▶「道に迷う（主語が私の場合）」lose my way

　completely は「完全に、まったく」という意味。全く道が分からず迷ってしまったことを表現するのに便利です。

今私達はどこにいますか？

ウェア アー ウィー ナゥ
Where are we now?

▶「どこ」where 「今」now

　日本語では「現在地は？」と聞かれますが、英語では「私達は今どこに？」と聞かれることが多いです。

ここが現在地です。

ナゥ ユア ヒア
Now you're here.

▶「ここ」here

　「現在地」をそのまま訳すより、「あなたは今ここにいます」という言い回しのほうが伝わりやすいです。

問い合わせ

2 駅まではどう行けばよいですか？

ハゥ キャナイ ゲットゥ ダ ステイシャン
How can I get to the station?

▶「〜へ行く」get to 〜

☞ get to の元の意味は「到着する」で、「どうやって着くことができますか？」が英語本来の意味です。

（地図を指しながら）ここが駅です。
歩いて10分ほどです。

ダ ステイシャンイ(ズ) ヒァ テン ミニッ(ツ) ウォー(ク)
The station is here, ten minutes' walk.

▶「駅」station

☞ 現在地を与えた後は目的地を教えてあげると、距離感が伝わり、歩く、電車、バス等交通手段が選べます。

✏️ お役立ちメモ

すぐに土地勘をつかむのは難しいことです。ここでは、地図を使った現在地・目的地の伝え方を練習します。道案内は1.現在地、2.目的地、3.行き方・交通手段の順に伝えることをおすすめします。現在地、次に目的地を伝えることで、距離感を知らせることができます。徒歩、電車、バス、タクシーで行くか等の交通手段を選ぶことができ、道案内が不要になることもあります。日本語でのご案内にもつながることなので、ぜひ練習して自分の仕事でも案内のストーリーを組み立ててください。

UNIT 57 道案内③観光地

英語や各国語表記の地図やパンフレットが出来ても、
案内にはやはり人の力が必要です。

1 すみません。この場所に行きたいのです。

イクスキュー(ズ)ミー アイウォン トゥ ゴゥ トゥ ディ(ス) プレイ(ス)
Excuse me, I want to go to this place.

▶「場所」place

☞ I want to go to の to は短めに「トゥ」と発音すると文全体が言いやすいです。

この通りをまっすぐ行ったところですよ。

オゥ ジャス(トゥ) ダ ゥン ダ ロゥドゥ
Oh, just down the road.

▶「この通りをまっすぐ」down the road

☞ 道案内のときはなるべく短めに伝えましょう。

2番目の角を左に曲がったところに見えます。

ターン レフ(トゥ)アッ(トゥ) ダ セカン(ドゥ) コゥナァ エン(ドゥ)
Turn left at the second corner, and
ユー ゥ スィーイッ(トゥ)
you'll see it .

▶「左に曲がる」turn left 「角」corner

☞ second corner は「セカンドコーナー」にならぬよう、英語の発音に意識を向けましょう。

問い合わせ

2 この博物館にはどう行けばよいのでしょうか？

ハゥ　キャナイ　ゲッ　トゥディ(ス)　ミューズィア(ム)
How can I get to this museum?

▶「博物館、美術館」museum

　☞ 日本語では「ミュージアム」と発音される museum。英語の発音に意識を向け聞き慣れておきましょう。

地図でご案内いたします。

アイゥ　ショウ　ユー　オン　ダ　メァッ(プ)
I'll show you on the map.

▶「案内する」show

　☞ UNIT55 の道案内もご参照ください。

✏ お役立ちメモ

　インフォメーションのようなご案内の仕事をしていると、英語の地図やパンフレットを持ったお客様からお問い合わせを受けることが多いです。しかし、英語表記のある資料を見たからと言ってすぐに土地勘をつかめるわけではありません。その上日本国内にはまだまだ英語表記の少ないところもあります。だからこそ人の力が必要です。ここではロード(road)、コーナー(corner)、ミュージアム(museum)、マップ(map)といった日本語の外来語の英語発音をしっかり練習しておきましょう。

UNIT 58 電車①行き方

日本人でさえも慣れないと難しい電車での移動。
海外のお客様に案内する練習をします。

1 私は鎌倉へ行きたいのです。

アイウォン トゥ ゴゥ トゥ カマクラ
I want to go to Kamakura.

▶「〜へ行きたい」want to go to 〜

☞ Kamakura を他の地名に置き換えて練習すれば、実際の問い合わせに向けての準備ができます。

横浜で乗り換えてください。

チェィン(ジ) トレインザッ(トゥ) ヨ コ ハ マ プリー(ズ)
Change trains at Yokohama, please.

▶「電車を〜で乗り換える」change trains at 〜

☞ please は文末で使うと表現がやわらぎます。

大船行きの電車に乗ってください。

プリー(ズ) テイ(ク) ダ トレイン ファ オオフナ
Please take the train for Ofuna.

▶「〜行き、方面」for 〜

☞ 指示・軽い命令のとき、Please を文頭で使います。依頼文には Could you 〜? を使います。

150

問い合わせ

2 この電車は横浜へ行きますか？

ダ(ズ) ディ(ス) トレイン ゴゥ トゥ ヨ コ ハ マ
Does this train go to Yokohama?

▶「この」this 「電車」train

☞ よく聞かれるフレーズですね。

いいえ、あの電車です。

ノゥ ダァッ(トゥ) ワン プリー(ズ)
No, that one, please.

▶「あの」that

☞ one は train の代名詞。同じ話のやり取りでは、二回目に出てくる単語を代名詞で言うことが多いです。

お役立ちメモ

　来日のお客様の中には、本国では電車に乗る習慣がなく、移動交通手段に車を使っている人も少なくありません。比べて日本、特に都市部では電車の路線が複雑です。私も日本人、外国人を問わず、乗り換えが複数回ある場合は、乗り換えの駅、線、方面を乗り換え順に明記した紙を渡していました。日本の駅は終着駅でない限り同じ線でも上り・下りの二方面があります。地下鉄の場合、方面によって下りる階段が異なる路線もあります。必ず「〜行きの電車」と案内する必要があります。

UNIT 59 電車②切符購入

時代とともに、電車の券売機は操作が複雑になってきました。細かい案内が必要です。

---

1 熱海まではいくらですか？

ハウ マッチ イズ イット トゥ アタミ
How much is it to Atami?

▶「〜まで」to〜

　券売機の上に運賃表示もありますが、英語は日本語に比べて表記が小さく、手助けを必要とする人もいます。

ここからですと1320円です。

フラ(ム) ヒァ ワン タウザン(ドゥ) トゥリー ハンドレッ(ドゥ)
From here, one thousand three hundred
トゥェンティ イェン プリー(ズ)
twenty yen, please.

▶「ここから」from here

　日本の金額は桁数が多いので「one, three, two, zero」と読み上げても構いません。金額の後はpleaseをつけましょう。

「切符」ボタンを押して、指示に従ってください。

プリー(ズ)プレ(ス) ダ ティケッ(トゥ)バトゥン エン(ドゥ)ファロゥ ダ ディレクシャン(ズ)
Please press the "Ticket" button, and follow the directions.

▶「押す」press

　券売機ではまず英語画面にしてから、「切符」のボタンを押し、その金額のボタンまで誘導すれば簡単です。

問い合わせ

2 このカードは渋谷までどう使えばいいですか？

ハゥ キャナ イユー(ズ)ディ(ス) カー トゥ シブヤ
How can I use this card to Shibuya?

▶「～をどう使えばいいですか？」How can I use～？

☞ card は単体だと「カー(ドゥ)」と発音しますが、後ろに to がある場合つなげて読むため「ドゥ」の音が隠れます。

チャージして、改札でタッチしてください。

プリー(ズ) チャー ジェン(ドゥ) タッチ アッ(トゥ) ダ ティケッ(トゥ)ゲイ(トゥ)
Please charge and touch at the ticket gate.

▶「チャージ」charge 「タッチする」touch 「改札」ticket gate

☞ like this「このように」と言いながら、実際にタッチする動作を見せると分かりやすいですね。

✏️ お役立ちメモ

　案内の仕事をしていた頃、海外のお客様から「電車の切符の買い方を教えて」と言われたことがありました。その際英語の運賃表示が小さくて分かりにくく、ICカードが増えたこともあって券売機の操作が複雑になってきたことに気づきました。ここでは、券売機の操作のお手伝い、ICカードの使い方の説明を練習します。金額を伝えるところでは、日本の大きな金額の読み方もこんなやり方でいけるんだと思って気軽に取り組んでいってください。

UNIT 60 電車③予約

日本の地方へ足を延ばす旅行者のために、
新幹線、特急の予約を受ける練習をします。

1 広島までの指定席チケットを買いたいのですが。

アイウォン トゥ バイ ア リザーブ(ドゥ) スィー ティケッ(トゥ)トゥ ヒロシマ
I want to buy a reserved seat ticket to Hiroshima.

▶「指定席」reserved seat

　　自由席は「non-reserved seat」です。

何名様、何時かを教えていただけますか？

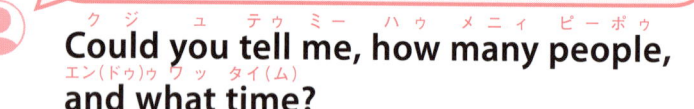

クジ ュ テゥ ミー ハゥ メニィ ピーポゥ エン(ドゥ)ゥ ワッ タイ(ム)
Could you tell me, how many people, and what time?

▶「〜を教えていただけますか？」Could you tell me〜?

　　「人数」という英語は the number of people ですが、番号と勘違いされそうなので how many のほうが無難です。

お客様のお席は離れてしまいますがよろしいですか？

ユァ スィー(ツ) ウィゥ ビー セパレイ(トゥ) オーゥライ(トゥ)
Your seats will be separate, all right?

▶「〜が離れる」be separate

　　複数の場合は席が離れてしまうことも受け入れていただいた上でご予約を完了する必要がありますね。

問い合わせ

2 博多までのこの特急を予約してもいいですか？

キャナイ メイ カ レザヴェイシャノ ヴ ディス イクスプレ(ス)
Can I make a reservation of this express
トレイン トゥ ハカタ
train to Hakata?

▶「予約をする」make a reservation 　「特急」express train

　「この特急」と指定して予約をするお客様もいると思います。

それではお席の空き状況を確認します。

アイゥチェッ(ク)　ダ スィー(トゥ)アヴェイラビリティ
I'll check the seat availability.

▶「席の空き状況」seat availability

　seat を省けば、レストラン、宿泊施設、サロン等の空き状況を確認する際にも使えるフレーズです。

お役立ちメモ

　外国から日本を観光目的で訪れるお客様は、日本を鉄道でくまなく旅行できるパスを持っている方も多いです。日本の地方の良さが知られ、世界遺産に登録された地域にもどんどんお出かけなさっているようです。地方への特急、新幹線の窓口にもよく並んでいるのを見かけます。ここでは特急、新幹線の窓口で予約を受けるときのフレーズを練習します。予約時確認必須の内容はもちろん、グループのお客様に「座席が離れてしまいますが」という配慮もできるようにがんばりましょう。

UNIT 61 路線バス

観光地によっては路線バスのほうが行きやすいところもあります。ご案内できるようになりましょう。

1 このバスはこの場所まで行きますか？

ダ(ズ) ディ(ス) ボス ゴゥ トゥ ディス プレイ(ス)
Does this bus go to this place?

▶「場所」place

☞ 観光ガイドブックやスマートフォンで行きたい場所を見せながら聞く人も増えているようです。

いいえ、次のバスを待ってください。

ノゥ プリー(ズ) ウェイ(トゥ) ファ ダ ネクス(トゥ) バス
No, please wait for the next bus.

▶「待つ」wait 「次のバス」the next bus

☞ 行先がまちまちな路線バス。次のバスを待ってもらうときに便利な表現です。

はい、お客様が降りるバス停の近くでお知らせします。

イエ(ス) アイウ テゥ ユー ウェン トゥ ゲット ー(フ)
Yes, I'll tell you when to get off.

▶「降りるとき」when to get off

☞ お客様が降りるバス停が近づいたら知らせてあげると親切ですね。

問い合わせ

2 このお寺へはどのバスに乗れば良いですか？

ウィッチ バス キャナイテイ(ク) トゥ ディス テンポゥ
Which bus can I take to this temple?

▶「お寺」temple

☞ 最寄駅から離れたお寺、日本語表記オンリーの路線バス、不安要素が多い中での旅はぜひお手伝いしましょう。

5番のバスへどうぞ。

バ(ス) ナンバーファイ(ヴ) プリー(ズ)
Bus No. 5, please.

▶「〜へどうぞ、〜へお願いします」〜, please.

☞ 5を他の数字に、Bus No.5をバスターミナル名や乗り場名に置き換えて、自分用の案内フレーズを作ってみてください。

🖍 お役立ちメモ

路線バスですが、都市部では英語の表記やアナウンスが出るようになりましたが、まだまだ少ないのが現状で、人の力が必要です。もしかしたらあなたが頼られるかもしれません。ここでは路線バスを利用して旅をするお客様をお手伝いする練習をします。「バス停」、「〇番バス」、「次のバス」といったバスならではの独特の表現も覚えてください。最寄のバス停でお知らせできるようになってお客様を安心させましょう。

UNIT 62 高速バス予約

長距離の移動には、比較的安価で快適な高速バスも海外のお客様に人気なようです。

1 どこでバスに乗ればよいですか？

ウェァ キャナイ テイ(ク) ダ バ(ス)
Where can I take the bus?

▶「どこで〜すればよいですか？」Where can I 〜?

☞ 乗車場所を聞くときのフレーズです。

駅近くのバスターミナル、3番乗り場へお願いします。

プリー(ズ) ゴゥトゥ ダ バス ターミノゥ ニァ ダ
Please go to the bus terminal near the
ステイシャン バ(ス)スタッ(プ)ナンバァトゥリー
station, bus stop No. 3.

▶「バスターミナル」bus terminal 「乗り場」bus stop

☞ 配布できる案内図が日本語しかない場合でも、英語を書き込んで渡すとお客様が安心します。

ドライバーに現金でお支払いください。

プリー(ズ) ペイ ダ ドゥライヴァ インキャッ(シュ)
Please pay the driver in cash.

▶「現金で」in cash 「ドライバー」driver

☞ ターミナルの案内に付け加えて案内できます。

問い合わせ

2 明日富士山への席を予約したいのです。

アイウォン トゥ リザーヴァ スィー トゥマウン(トゥ)フジ
I want to reserve a seat to Mt. Fuji
トゥモゥロゥ
tomorrow.

▶「席を予約する」reserve a seat

> 急な前日予約も発生します。Mt. Fuji を他の地名に置き換え、フレーズの発音を練習してみてください。

現在、横浜発10時の便で席が空いています。

ナゥ スィーツ アー アヴェイラボゥアッ(トゥ)テン エイエ(ム)
Now, seats are available at ten a.m.
ディパーティン(グ) フラ(ム) ヨコハマ
departing from Yokohama.

▶「空いている(利用できる)」available

> available はよく使う単語です。映画館・旅館・カラオケでも席や部屋に空きがあり利用できるときに使います。

✏️ お役立ちメモ

空港へはもちろん、そのほか地方の観光地に出向くのに高速バスを利用する海外のお客様が増えてきました。特に東京・横浜からは富士山が人気で、私もお客様の代わりに座席を予約したことがあります。ここでは高速バスの予約窓口係の方が使えるフレーズを練習します。高速バスは席、乗車場所、支払方法等ご案内することも多いです。ぜひこのやりとりを参考にご自身の予約受付マニュアルを作っていただき、ご準備なさることをおすすめします。

UNIT 63 電話①予約

マッサージ、美容室での予約を受ける練習です。
こちらもご利用が増えていると聞きます。

1 カットしたいんだけど、今空いていますか？

アイ ウォン トゥ ヘァ(ヴ) マイ ヘァカッ(トゥ)
I want to have my hair cut.
イズデァッ(トゥ) アヴェイラボゥ ナゥ
Is that available now?

▶「髪の毛を切ってもらう」have one's hair cut

☞ 電話でも店先でも、突然のお客様に備えましょう。

申し訳ございません。現在予約はいっぱいです。

アイム アフレイドゥ ウィー アー ナゥ フーリィー ブック(トゥ)
I'm afraid we are now fully booked.

▶「予約がいっぱい」fully booked

☞ fully booked という表現は、飲食店の満席、カラオケルームの満室時にも使える表現です。

あと30分ほどお待ちいただければ準備できます。

イフ ユー キャンウェイ(トゥ)ファ アバウ(トゥ)ターティ ミ ニッツ
If you can wait for about 30 minutes,
ウィーゥ ビー レディ
we'll be ready.

▶「準備できる」ready

☞ いつでも良い提案ができるようにするとお客様もお店も幸せになりますね。

160

問い合わせ

2 もしもし、アロママッサージを予約したいのですが。

ハロゥ アイウォン トゥ リザー(ヴ) アン アロマテラピー マッサー(ジ)
Hello. I want to reserve an aromatherapy massage.

▶「アロママッサージ」aromatherapy massage

☞ アロマ、マッサージといった外来語の発音から英語らしい発音に発展させましょう。

ありがとうございます。何時に何名様でしょうか？

テェンキュー ヴェリ マッ(チ)
Thank you very much.
ウワッ タイ(ム) エン(ドゥ) ハゥ メニィ ピーポゥ サー
What time, and how many people, sir?

☞ 簡単な英語でも madam や sir を語尾につけることで、丁寧な印象が伝わります。

✏️ お役立ちメモ

以前温浴施設に行ったときのことでした。平日だったのにもかかわらずお客様の半数が海外の方で、施設内のマッサージ屋さんも海外のお客様でにぎわっていました。最近は英語対応OKの美容室も増えてきていると聞きます。ここでは、マッサージ店、理美容室での予約の受け方を練習します。お店に予約なしで来られた方に対しても、提案次第であなたのお店のお客様になってくれるでしょう。練習して、英語応対でお店の売上アップに貢献できたらあなた自身の大きな自信となりますよ。

UNIT 64 電話②予約

飲食店で予約を受けるフレーズを練習します。

1 実は明日は友人の誕生日です。

アクチュアリィ トゥモロウ イ(ズ)マイ フレン(ズ) バー(トゥ)デイ
Actually, tomorrow is my friend's birthday.

▶「実は」actually 「誕生日」birthday

☞「birthday」の発音は、唇を横にグッと引っ張った状態で「バー」と言うと英語らしい発音になりやすいです。

おめでとうございます。
お友達のお名前を綴っていただけますか？

カングラチュレイシャン(ズ)
Congratulations!
ク ジュ スペラウ(トゥ) ダ フレン(ズ) ネイ(ム)
Could you spell out the friend's name?

▶「綴る」spell out

☞ 飲食店のデザート等にお友達のお名前を入れる際、綴りを教えてもらえると助かりますよね。

それでは何かサプライズをご用意しておきますね。
お電話ありがとうございます。

オウケイウィーゥ プリペァ サムティン(グ) サプライズィン(グ)
OK, we'll prepare something surprising
ファ ハー テン キュー ファ コーリン(グ)
for her. Thank you for calling.

▶「用意する」prepare 「何かサプライズ」something surprising

☞ 一般的に女性であれば for her、男性であれば for him です。名前だけで女性か男性か判断しにくければ、her を friend としてもOKです。

問い合わせ

2 もしもし、明日の夜19時に4人で予約を入れても良いですか？

ハロウ　キャナイ　リザーヴ　ア　テイボゥ　ファフォー　ピーポゥ
Hello. Can I reserve a table for 4 people
トゥモロゥ　アッ(トゥ)セヴン　ピーエ(ム)
tomorrow at 7 p.m.?

▶「予約する」reserve

☞ 飲食店の場合は「テーブルを予約する」という意味で「reserve a table」とよく言います。

ありがとうございます。
お名前とご連絡先をお伺いしてもよろしいですか？

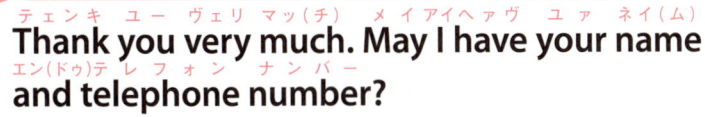

テェンキ　ユー　ヴェリ　マッ(チ)　メイアイヘァヴ　ユァ　ネイ(ム)
Thank you very much. May I have your name
エン(ドゥ)テレフォン　ナンバー
and telephone number?

▶「〜をお伺いしてもいいですか？」May I have〜?

☞ お名前とご連絡先の確認時、必ずといっていいほど使う決まり文句です。

✏️ お役立ちメモ

　飲食店の予約は、お客様にとって誕生日や何かの記念日であることも多いと思います。ここではお席の予約にプラスして、誕生日の友人がいると想定したやりとりの練習もします。「おめでとうございます」というお祝いの言葉、デザートに書くお名前の綴りの聞き方、何かサプライズを用意します、といったワクワクする表現をぜひマスターしてください。誕生日や記念日でなくても、お客様が楽しいひとときを過ごせるようイメージを膨らませながら練習するとよりリアリティが出そうですね。

UNIT 65 電話③取次ぐ

自分も英語で電話応対しているのに、「英語ができるものに代わります」と言うのはおすすめしません。

1 もしもし、私のパソコンのWi-Fi接続にトラブルが生じています。

ハロウ　マイピースィーヘァ　ザ　プラーブレ（ム）ウィ（ドゥ）ダ　ワイファイ
Hello. My PC has a problem with the Wi-Fi.

▶「パソコン」PC（personal computerの略）　「問題、トラブル」problem

☞ 日本語の「プロブレム」からproblemの発音に意識を向けていきましょう。

担当者におつなぎします。お待ちくださいませ。

アイゥトランスファー　ユー　トゥ　ダ　パースン　イン　チャー（ジ）
I'll transfer you to the person in charge.
ホウドン　プリーズ
Hold on, please.

▶「担当者」person in charge

☞ 電話を転送するときは「transfer this line」とも言います。

担当者はただいま接客中なので、再度お電話いただけますか？

ダ　パースン　イン　チャー（ジ）イズ　ウィダ　ゲス（トゥ）ナゥ
The person in charge is with a guest now.
クジュ　コーゥ　ベァッカ　ゲイン
Could you call back again?

▶「～は接客中である」is with a guest（「お客様と一緒にいる」という意味）

☞「接客中」は日本語らしい表現ですが、英語では「have a guest（お客様を抱えている）」とよく表します。

問い合わせ

2 🗨️ もしもし、昨日そちらで財布を失くしたと思うのですが。

ハロゥ アイ ティン(ク) アイ ロス(トゥ) マイ ウァレッ(トゥ) デェア イエスタディ
Hello. I think I lost my wallet there yesterday.

▶「失くした」lost

👉 忘れ物をされるお客様もたまにいらっしゃいます。

🗨️ 遺失物係につなぎます。

アイゥ トランスファー ユー トゥ ロスタン(ドゥ)ファウン(ドゥ)
I'll transfer you to lost and found.

▶「遺失物係、拾得係」lost and found

👉「失った、見つかった」を表す lost and found。英語のほうが分かりやすいですね。

📝 お役立ちメモ

よく「英語ができるものに代わります」という英語フレーズを見かけますが、私自身はあまりよい応対と思えません。電話に出ている自分が英語を話しているのだから、「あなたも英語を話しているでしょう？」と相手からツッコまれてしまいますよ。英語が流暢かどうかは相手にとってそんなに問題ではないのです。担当者につなぐときだけ代わりましょう。ここでは、パソコンのトラブル、遺失物のお問い合わせが入ったことを想定して練習してみましょう。パソコン修理も最近海外の方からのお問い合わせが多いと聞いています。

UNIT 66 営業時間

開店・閉店に加え、最終入館、ラストオーダーのご案内も練習しましょう。

1 何時まで開いていますか？

アンティゥ ゥワッタ イ(ム) アー ユー オゥプン
Until what time are you open?

▶「何時まで」until what time

☞ you は「あなた」、すなわち「あなたの勤めるお店・施設」という意味です。

閉館は18時、最終入館は17時半です。

ウィークローザ ッ(トゥ)スィック(ス) ダ ラス(トゥ)エントリィイ(ズ)ファイ(ヴ)ターティ
We close at six, the last entry is five-thirty.

▶「最終入館」last entry

☞ 美術館、博物館、水族館等は閉館時間と最終入館時間の両方を案内する必要があります。

閉店は22時、ラストオーダーは21時半です。

ウィー クローザッ(トゥ)テン ダ ラス(トゥ)オゥダァーイ(ズ)ナイン ターティ
We close at ten, the last order is nine-thirty.

▶「ラストオーダー」last order

☞ 飲食店では、閉店時間とラストオーダーの両方の案内が必要です。

166

問い合わせ

2 開店は何時ですか？

ゥワッ タイム ドゥ ユー オゥプン
What time do you open?

▶「何時」what time 　「開く」open

👉 what time の代わりに、「何時から何時まで」from what time to what time もよく聞かれます。

10時から18時までです。日曜祭日はお休みです。

ウィー アー オゥプン フラ(ム) テン トゥ スィック(ス) エン(ドゥ) クローズ(ドゥ) オン
We are open from ten to six, and closed on
サンデイ(ズ) エン(ドゥ) パブリッ(ク) ハリデイ(ズ)
Sundays and public holidays.

▶「祭日」public holidays

👉 開店だけでなく閉店や休みまでご案内しましょう。

📝 お役立ちメモ

　営業時間を聞かれたとき、販売店であれば開店・閉店の時間、お休みの曜日を伝えればほぼ問題ないですが、それだけではないところもあります。ここでは、最終入館と閉館の時間、ラストオーダーの時間も案内する練習をします。私も以前テーマパークでお仕事し始めた頃、閉館時間しか案内せず、後であわててお客様のところへ行き最終入館時間を伝えに行きました。あってはならないことですが、英語で案内していると英語に気を取られてしまい日本語で案内していることが抜けがちです。不安なときは紙などを見て案内したほうがよさそうですね。

UNIT 67 Wi-Fi・SIMカード

時代の流れとともに通信技術はどんどん変わっています。

1
SIMカードはどこで買えますか？

Where can I buy a SIM card?
ウエァ キャナイ バイ ア シ(ム) カー(ドゥ)

▶「〜はどこで買えますか？」Where can I buy 〜?

👉 SIMカードは携帯電話に抜き差しして使うICチップ。海外で携帯電話を安く使うために買う人が多いようです。

プリペイド式のテレフォンカードが欲しいです。

I want a prepaid telephone card.
アイウォンタ プリペイ(ドゥ) テレフォン カー(ドゥ)

▶「プリペイド式の」prepaid

👉 海外とのインターネット電話でも大いに使う人がいるようです。

近くのコンビニにございます。

They are available at the convenience store near here.
デイ アー アヴェイラボゥアッ ダ カンヴィーニアンス ストァ ニァ ヒァ

▶「ある（入手できる）」available

👉 コンビニで同時にチャージもできるようですね。

問い合わせ

2 ここにはWi-Fiはありますか？

ドゥ ユー ヘァヴ ワイファイ ヒァ
Do you have Wi-Fi here?

▶「〜はありますか？」Do you have〜?

☞ この表現でよく聞かれます。

はい、ございます。パスワードを差し上げます。

イェス エン(ドゥ)アイウィゥ ギ(ヴ) ユー ダ ペァスワー(ドゥ)
Yes, and I will give you the password.

▶「パスワード」password

☞ あなたの勤務先にアクセスポイントがない場合、近くのポイントを案内してあげるとお客様は喜びます。

お役立ちメモ

　今から10年前はWi-FiやSIMカードの案内は不要でしたが、現在は必ずと言っていいほど聞かれます。海外のお客様も本国からスマートフォンを持って来て、無料でアクセスするのが当たり前になっています。SIMカードも以前は空港でないと手に入らなかったようですが、最近ではコンビニでも販売しているようです。プリペイド式のテレフォンカードもよく聞かれます。通信技術の変化についていくのは大変ですが、このUNITで簡単なご案内を練習して備えましょう。

UNIT 68 荷物預かり

お客様の大切な荷物を預かる際のやりとりの練習です。

---

1 これを預かってくれませんか？

キャン　ユー　キー(プ)　ディス
Can you keep this?

▶「預かる」keep

☞ 荷物を差し出しながら、お客様が言ってくるフレーズです。

お客様のお名前と何時ごろ取りに戻られるか教えていただけますか？

クジュ　テゥ　ミー　ユァ　ネイ(ム)　エン(ドゥ)ゥワッ　タイ(ム)　ユー　ウィゥ　リターン
Could you tell me your name, and what time you will return?

▶「戻る」return

☞ カウンターで預かる際、必ず聞くフレーズです。

あちらの無料のロッカーをお使いください。

ユー　クン　ユー(ズ)　ダ　フリー　ロッカー(ズ)　オゥヴァ　デァ
You can use the free lockers over there.

▶「無料の」free　「ロッカー」locker

☞ free を省けば、有料のロッカーを案内するときに使えます。

問い合わせ

2 この荷物を15時まで預かってください。

クジュ　キー(プ) ディス ラゲッ(ジ) アンティゥ トゥリー
Could you keep this luggage until three
ピーエ(ム)
p.m.?

▶「荷物」luggage 「〜まで」until

☞ちゃんと預かり時間を言ってくれるお客様はありがたいですね。

中にお金や貴重品は入っていませんか？

エニィ　マニィ　オァ ヴァリュアボゥズ インサイ(ドゥ)
Any money or valuables inside?

▶「お金」money 「貴重品」valuables 「中に」inside

☞鍵のかからない場所で荷物をお預かりする際、必ず確認しましょう。

📝 お役立ちメモ

　お客様は重い荷物を抱えている方が多く、カウンターに来て「ちょっと預かってください」とお願いされることがよくあります。テーマパークや美術館等の施設ではロッカーがあり、ホテルや宴会場のクロークでは番号のついたタグを渡します。しかし、ロッカーもタグもないカウンターで一時的にお預かりする際は注意が必要です。ここでは、お名前、いつ取りに来るか、中にお金や貴重品が入ってないかを確認するフレーズも練習します。違うお客様に渡ってしまった、貴重品が無くなったということがないよう言葉でしっかり対策しましょう。

5 問い合わせ

交通・ホテルに関する単語

★入れ換えて使える便利フレーズ
🔄 **You can see 〜.** 「〜が見えます」
🔄 **Please 〜.** 「〜してください」
🔄 **There is [are] 〜 in the room.** 「部屋に〜がございます」
🔄 **〜 is [are] over there.** 「〜はあちらです」

● 建物・目印

バス停	bus stop
駐車場	parking
公園	park
交番	police box
駅	station
銀行	bank
病院	hospital, clinic
本屋	bookstore
花屋	florist
喫茶店	café
角	corner
信号	traffic light
横断歩道	pedestrian crossing
陸橋	overhead bridge

まっすぐ進む	go straight
右に曲がる	turn right
左に曲がる	turn left
道を渡る	cross a road

● ホテルの部屋

カーテン	curtain
テーブル	table
机	desk
窓	window
ソファ	sofa
照明	light
テレビ	TV, television
電話	telephone
ベッド	bed
枕	pillow
シーツ	sheets
金庫	safe
冷蔵庫	refrigerator
クローゼット	closet
ドア	door
グラス	glass
灰皿	ashtray
蛇口	tap
便器	toilet

交通・ホテルに関する単語

シャワー	shower
バスタブ	bathtub
ドライヤー	hair dryer

● アメニティ

歯ブラシ	toothbrush
歯磨き粉	toothpaste
バスタオル	bath towel
フェイスタオル	face towel
シャンプー	shampoo
リンス	conditioner

● 施設の名前

部屋	room
レストラン	restaurant
食事場所	dining room
受付	reception
フロント	front desk
浴室（お手洗い）	bathroom
お手洗い	restroom
フィットネスクラブ	fitness club
プール	swimming pool
玄関	entrance
カギ	key

第 **6** 章

注 意

文化の違いなどもあるので、日本のマナーを知らないお客様も多いです。禁止事項はしっかりと伝えられるようにしておきましょう。だめなことは毅然と伝えましょう。

UNIT 69 喫煙

喫煙に関するご案内フレーズです。

---

1 喫煙所は3階にございます。

ダ　スモゥキン(グ)　ルー(ム)　イ(ズ)　オーン　ダ　タァー(ドゥ)　フロァ
The smoking room is on the third floor.

▶「喫煙所(建物の中の部屋)」smoking room

☞ 階数は first、second、third... のように序数をつけて表します。

---

2 あちらの喫煙所にご移動願えませんでしょうか？

ク ジュ　ムー(ヴ)　トゥ ダァッ(トゥ)　スモゥキン(グ)　エァリァ
Could you move to that smoking area?

▶「喫煙所(建物の外の喫煙エリア)」smoking area

☞ お客様が喫煙禁止の場所でたばこを吸っているときにお願いするフレーズです。

---

3 そちらに灰皿がございます。

デェァ(ズ)　アン　アッシュトレイ　デェァ
There's an ashtray there.

▶「灰皿」ashtray

☞ 外の喫煙所にも灰皿を備えてあることをご案内すると安心されます。

注　意

4 ここでの喫煙はできません。

スモゥキン(グ)イ(ズ)ナッタ ラウ(ドゥ) ヒァ
Smoking is not allowed here.

▶「～できません」～ be not allowed

> ～ be not allowed とすることで、「誰にも許可されていない」の意味になり、あなたも私もできないことがわかります。

5 ここでは喫煙可能です。

スモゥキン(グ)イザ ラウ(ドゥ) ヒァ
Smoking is allowed here.

▶「可能である」be allowed

> この場合の「できる」もallowedを使うことで許可が下りている様子が伝わります。allowed単体では「アラウ(ドゥ)」と発音します。

✎お役立ちメモ

　喫煙できる場所は一般的にかなり限られており、喫煙禁止区域まであるのでスタッフからも案内が必要です。このUNITでは屋外の喫煙所、建物内の喫煙所のご案内の練習をします。たばこを吸いそうになった・吸い始めてしまったお客様にも毅然と移動をお願いする練習もこのUNITで行います。注意のしかたもDon't smoke here.（たばこを吸わないで）ではお客様にはきつい口調に聞こえるので、「～ not allowed（許可されていない）」とし、お客様だけでなく全ての人ができないことを伝えます。ご協力をお願いするつもりで伝える練習をしましょう。

UNIT 70 写真撮影

写真撮影が許可されていない場所で、
撮影をやめるようお願いする練習です。

1 今こちらで写真撮影されていますか？

アー ユー テイキン ピクチャ(ズ)
Are you taking pictures?

▶「写真撮影する」take pictures

　スマートフォンのアプリで日本語の説明を読んでいるお客様もいるので、まずはこう聞くことからです。

2 ここでの写真撮影はできません。

テイキン ピクチャ(ズ) イ(ズ)ナッタ ラウ(ドゥ) ヒァ
Taking pictures is not allowed here.

▶「〜できません」〜 be not allowed

　〜 be not allowed とすることで、「誰にも許可されていない」の意味になり、あなたも私もできないことがわかります。

3 ここでは写真撮影ができます。

ピクチャー テイキン(グ) イザ ラゥ(ドゥ) ヒァ
Picture taking is allowed here.

▶「可能である」be allowed

　この場合の「できる」も allowed を使うことで許可が下りている様子が伝わります。

注　意

4 ここは撮影禁止エリアです。

ディス イー ザ　フォタグラフィ　プロゥヒビティッ(ドゥ)　エァリァ
This is a photography-prohibited area.

▶「撮影禁止エリア」photography-prohibited area

　　「撮影禁止」と英語で書かれてあっても気づかずに撮影してしまったお客様に伝える際のフレーズです。

5 フラッシュは使わないでください。

ノゥフレッ(シュ)　プリー(ズ)
No flash, please.

▶「フラッシュ」flash

　　とっても簡単な言い方です。

お役立ちメモ

　喫煙と同様、写真撮影をしてはいけない場所でしているからと言って叱声を響かせるのはかえってマイナスです。お客様が委縮してしまい、スタッフ、お店、さらには日本のイメージになってしまうことがあるからです。私がよく言うのはやんわり毅然と。写真撮影はお客様にとって楽しい時間であり、お声かけのときも Excuse me.「失礼いたします」や Sorry to disturb you.「お邪魔して申し訳ありません」といった言葉があるとよいでしょう。喫煙と同様、ご協力をお願いするようにイメージして練習してみてください。

UNIT 71 騒音・飲食など

避けて欲しい行動をやめるよう、注意する練習です。

1 静かにしていただけますか？

キャン ユー プリーズ スピーク クワイエットリ
Can you please speak quietly?

▶「静かに」quietly

☞ 注意の前には Excuse me.（すみません）」とお声かけをしましょう。

---

2 ここでは大声で話すのをやめてください。

プリー（ズ） ドゥナッ（トゥ）スピー（ク） ラゥ（ドゥ）リー ヒァ
Please do not speak loudly here.

▶「大声で話す」speak loudly

☞ Please を文頭に使う場合は、指示や軽い命令になります。一度注意しても聞いてもらえないときに使います。

---

3 ここでのお食事はできません。

フー ダン（ドゥ）ドゥリン（ク）アー ナッタ ラゥ（ドゥ） ヒァ
Food and drink are not allowed here.

▶「食事」food and drink

☞ 建物のロビーエリア等飲食不可の場所で食事をされてしまった場合、即座にこのフレーズで注意してください。

注 意

4 ここには立ち入らないでください。

プリー（ズ）ドゥン（トゥ）カ ミ ンサイ（ドゥ）ヒ ァ
Please don't come inside here.

▶ 「立ち入る」come inside

☞ お寺や文化財等の見学で中を歩いている際、立入不可エリアに足を踏み入れられた場合に使えます。

5 ここでは充電をしないでください。

プリー（ズ）ドゥーナッ（トゥ）リチャー（ジ）ヒ ァ
Please do not recharge here.

▶ 「(再)充電する」recharge

☞ 公共エリアの壁コンセントを使って携帯電話等を充電される方を見つけたらこう注意しましょう。

✏ お役立ちメモ

　宿泊施設で夜中に騒ぐ、飲食禁止の場所で食事をする、立入禁止の場所に立ち入る、勝手にスマートフォンの充電をする。言葉の壁もあり起きて欲しくないことが起きてしまうケースがあります。それを英語で注意するのもスタッフの仕事です。ただし、皆日本を楽しまれているお客様なので、楽しみを奪うことのないようにしたいですね。何度も繰り返しますが、ご協力をお願いするように注意をしましょう。注意した後は必ず、Thank you very much.「ありがとうございます」と言ってください。

UNIT 72 禁止事項

あらかじめ避けて欲しい行動を伝えるフレーズの練習です。

1 外出の際、お部屋の鍵は必ずフロントに預けてください。

プリー（ズ） リー（ヴ） ユァ キーアッ（トゥ） ダ レセプシャン デスク
Please leave your key at the reception desk
ビ フォァ ゴゥインガ（トゥ）
before going out.

▶「鍵」key 「フロント」reception

☞ 宿泊施設でカードキータイプの鍵でない場合、外出時に鍵を預ける旨を案内することがあります。

2 ここでは（あなたの）靴を脱いでいただけますか？

ク ジ ュ テイカ（フ） ユァ シュー（ズ） ヒァ
Could you take off your shoes here?

▶「靴を脱ぐ」take off shoes

☞ 日本は靴を脱いで上がる建物が多いので、覚えておくと助かると思います。

3 お風呂にはタオルを入れないようにお願いします。

プリー（ズ）ドゥン（トゥ） プッ（トゥ）ユァ タウゥ イン ダ バ（トゥ）タ（ブ）
Please don't put your towel in the bathtub.

▶「湯船」bathtub

☞ 温泉や温浴施設で使えるフレーズです。

注 意

4 お酒を飲んだ後は入浴しないでください。

プリー（ズ）ドゥン（トゥ）テイ　カ バ（トゥ）アフタァ ドゥリンキン（グ）
Please don't take a bath after drinking.

▶ 「入浴する」take a bath　「飲酒」drinking

☞ トラブルを防ぐため、入浴の前にあらかじめ伝えられればいいですね。

5 修行僧にはカメラを向けないでください。

プリー（ズ）ドゥン（トゥ）テイ（ク）ピクチャー（ズ）ア（ヴ）ダ　トレイニー
マンク（ス）
Please don't take pictures of the trainee monks.

▶ 「修行僧」trainee monk

☞ 最近は禅寺で座禅を組みたい方も増えています。禅寺では修行僧にカメラを向けないよう注意されますよね。

✏️ お役立ちメモ

　　日本で避けて欲しい行動はなんと言っても、屋内に靴をはいたまま上がる、お風呂にタオルを入れることだと思います。最近禅寺で座禅を組むのが、海外のお客様の人気を集めているようですが、お寺では修行僧にカメラを向けないでくださいと言われます。このようにいくつか事前に避けて欲しい行動を伝えるフレーズをここでは練習します。もうひとつ日本で避けて欲しい行動がありました。酔った方はお風呂に入らないこと。これは、お客様の健康のためにも、ぜひ伝えてくださいね。

❹ 月・曜日

曜日や月は、予約の確認の際必要です。すぐに覚えられない場合は、小さな紙に書き写していつでも見られるようにしておいてください。

<曜日 / Day>

日曜日	Sunday (Sun.)	
月曜日	Monday (Mon.)	
火曜日	Tuesday (Tue./Tues.)	
水曜日	Wednesday (Wed.)	
木曜日	Thursday (Thu./Thurs.)	
金曜日	Friday (Fri.)	
土曜日	Saturday (Sat.)	

日 day
今日 today
明日 tomorrow
明後日 the day after tomorrow
昨日 yesterday
一昨日 the day before yesterday
平日 a weekday
休日 a holiday, a day-off (勤務の)
祝日 public holiday
5日間 five days

<週 / week>

今週 this week　　先週 last week
来週 next week　　週末 a weekend　　3週間 three weeks

<月 / Month>

1月 January (Jan.)　　7月 July (Jul.)　　今月 this month
2月 February (Feb.)　　8月 August (Aug.)　　来月 next month
3月 March (Mar.)　　9月 September (Sep.)　　先月 last month
4月 April (Apr.)　　10月 October (Oct.)　　毎月 every month
5月 May (省略しない)　　11月 November (Nov.)　　8か月 eight months
6月 June (Jun.)　　12月 December (Dec.)

<年 / year>

今年 this year　　来年 next year　　昨年 last year
毎年 every year　　6年間 six years

第 7 章

緊 急

何も起こらないのが一番ですが、何か起こってしまったときに対処の方法を知っておくことはとても大事なことです。とっさのときに使えるよう、確認だけはしておきましょう。

UNIT 73 急病人への声かけ

急に体調をくずされたお客様へのお声かけを練習します。

---

1 お客様、大丈夫ですか？

アー ユー オウケイ サー
Are you OK, sir?

👉 OK には、「分かった」の他に、「承認した」、「体調が良い」、「まあまあ」など幅広い意味があります。

---

2 いかがなさいましたか？

ワッ(ツ) ダ マタァ
What's the matter?

▶「起こっていることの内容・問題」matter

👉 体調不具合の他に、問題が起きていそうな場でも使う決まり文句です。

---

3 歩けますか？

キャン ユー ウォー(ク)
Can you walk?

▶「〜できますか？」Can you〜？

👉 歩けるかどうかでお手伝いの仕方が変わります。聞けるようにしましょう。

緊　急

4 足元にお気をつけください。

Watch your step.
ワッ　チァ　ステッ(プ)

▶「一歩、歩み」step

☞ watch は「注意してよく見る」の意味があり、Watch your step. で「一歩一歩を気をつけて見てください」の意味。

5 お医者さんに診てもらいたいですか？

Would you like to see a doctor?
ウジュ　ライ(ク)トゥ スイー ア ダクタァ

▶「医者に診てもらう」see a doctor

☞ 施設内の医務室では対応が難しいと判断した場合、使えるフレーズです。

✏ お役立ちメモ

　　接客現場はたくさんのお客様がいらっしゃり、時折体調をくずされてその場にしゃがみこんでしまう方もいます。身体が辛いときには、少ない言葉ではっきりと伝えましょう。このUNITでは、そのような事態になったときに使える短いフレーズを用意しました。テーマパークには医務室もありますが、施設によっては医務室にある一定の時間滞在した場合は病院に行かなくてはならないルールがあります。そのときに使える「お医者さんに診てもらいますか？」というフレーズも練習しましょう。

UNIT 74 薬の服用法

薬の飲み方・塗布のしかたを説明するフレーズの練習です。

---

1 1日3回飲んでください。

プリー（ズ） テイ（ク） トゥリー タイムザ　デイ
Please take three times a day.

▶「1日につき〜回」〜 times a day

　　three に数字を入れて練習して練習してみてください。「〜回につき」の回は per または a です。

---

2 食事前に2錠飲んでください。

プリー（ズ） テイ（ク） トゥー タブレッ（トゥ） ビフォア ミーゥ（ズ）
Please take two tablets before meals.

▶「錠」tablet　［**after**：後で］

　　two のところに他の数字を入れて練習してください。

---

3 1日1回、夜寝る前に1包みを飲んでください。

プリー（ズ） テイ（ク） ワン パケッ（トゥ） ア デイ ビフォア ベッドタイ（ム）
Please take one packet a day before bedtime.

▶「包み」packet　「就寝前」before bedtime

　　薬は錠剤と包みがあります。このフレーズも練習して備えてください。

緊　急

4 この軟膏を皮膚に塗ってください。

プリー(ズ)　アプライ　ディ(ス)オイン(トゥ)メン(トゥ)トゥ　ユァ　スキン
Please apply this ointment to your skin.

▶「軟膏」ointment　「薬等を塗る」apply

　　apply の代わりに「put」を使っても OK です。

5 絆創膏は何枚必要ですか？

ハゥ　メニィ　プレァスタァ(ズ)　ドゥ　ユー　ニー(ドゥ)
How many plasters do you need?

▶「絆創膏」plaster

　　ちょっとした切り傷など小さな怪我のときに聞けるフレーズです。

📝 お役立ちメモ

　　ここでは薬局よりも、宿泊施設やテーマパークの医務室等で急に薬を必要とするお客様に薬の飲み方・塗布のしかたを説明することを想定したフレーズを学びます。急に薬が欲しいと言ってこられ常備薬を渡す場合、日本の薬なので当然英語で飲み方を案内する必要があります。飲み薬の「1日3回」、「1回2錠」といったご案内ができるようにフレーズを用意しました。はじめは馴染みにくい表現かもしれまんが、練習していくうちに慣れていきます。

UNIT 75 落し物

落し物の連絡があった際の対応を練習します。

---

1 どちらで、何時頃だったか覚えていますか。

Do you remember where, or what time?
ドゥ ユー リメンバ ウェァ オァウワッ(トゥ)タイ(ム)

▶「どちら」where

> お客様が物を失くされたと言ってきたときに、まずどちらで失くしたかを聞くフレーズです。

---

2 (バッグの) 特徴を教えてください。

Could you describe it?
クジュ ディスクライビッ(トゥ)

▶「特徴を教える(外見を詳細に伝える)」describe

> ここでは「バッグ」としていますが、バッグに限らず色、大きさ、柄などを詳しく知りたいときに使える、お決まりのフレーズです。「外見を詳細にお伝え願えますか?」の意味。

---

3 こちらですか？

Is this the one?
イズディス ダ ワン

▶「こちらのもの」this one

> one はお客様の失くした物を表す代名詞。

緊　急

4 いいえ、見ていません。

ノゥ　アイヘァヴン(トゥ)　スィーニッ(トゥ)
No, I haven't seen it.

▶「見る」see

> 自分の失くした物を見ていないかお客様から聞かれ、見ていないと伝える表現です。

5 遺失物取扱所で確認します。

アイゥ　チェッカ　ッ　ダ　ロス(トゥ)エン(ドゥ)ファウン(ドゥ)アフィー(ス)
I'll check at the lost-and-found office.

▶「遺失物取扱所」lost-and-found

> 英語の遺失物取扱所は、lostが「失った」、foundが「見つかった」の意味です。分かりやすいですね。

お役立ちメモ

　　お客様がどこかに何かを失くされたと連絡をしてきた場合、必ず聞くべきなのが「どこ」で「何時頃」失くされたかです。それから、どのような物か詳細を伺います。たまに「その落し物を見ていませんか？」と聞かれることもありますが、見ていないときはハッキリと見ていないと答えましょう。そして、遺失物取扱所に聞きます。落し物が見つかったら連絡する・しないは、施設により分かれるようですね。落し物はどの施設にも共通することなので、たくさんの分野の方に練習していただきたいです。

UNIT 76 忘れ物

観光・宿泊施設などで、お客様の忘れ物を発見したときの対応フレーズです。

1 お客様、失礼いたします。テーブルにお財布をお忘れになったようです。

Excuse me, madam, I think you forgot your wallet on the table.

▶「忘れた」forgot 「財布」wallet

☞ 飲食店などで、お店を出るお客様に忘れ物があったことを伝える言い方です。

2 お部屋の金庫にパスポートをお忘れになりました。

You left your passport in the room safe.

▶「金庫(セーフティーボックス)」safe

☞ safe は元々「安全な」という意味ですが、「金庫」という意味もあります。

3 今日中に取りにいらっしゃるまで保管しておきます。

We'll keep it until you pick it up today.

▶「取りに来る」pick up 「今日中に」today

☞ 取りにいらっしゃると分かった時点で、保管しておくことを伝えます。

緊　急

4 （忘れ物を）宅配便の着払いでお送りします。

We'll send it to you by courier, cash on delivery.
ウィゥ　センディッ(トゥ)トゥ　ユー　バイ　クーリァ　キャッシュオーン　デリヴァリー

▶「宅配便」courier　「着払い」cash on delivery

☞ courier のところに、各宅配業者の名前を入れることもできます。

5 ここを出る前に持ち物を必ずご確認ください。

Could you check your belongings before leaving here?
クジュ　チェッ(ク)　ユァ　ビロンギングス　ビフォァ　リーヴィン(グ)　ヒァ

▶「持ち物」belongings

☞ お忘れ物がないように、レストラン、会議室を出られるお客様に対して使えます。

お役立ちメモ

このUNITでは忘れ物において様々な対応ができるようにフレーズ練習します。パスポート等のようによっぽど貴重で、お客様のご連絡先が分かる場合はすぐに連絡して対処することもありますが、お客様にはご連絡を差し上げない施設もあるようです。時折外からお客様から連絡が入る事も多々あります。お客様の言葉をヒントに探して見つかった場合は忘れ物を着払いで送ることもよくあります。また忘れ物予防フレーズも用意しましたので、未然に防ぐよう練習をしてみてください。

UNIT 77 迷子

迷子が発生したときの対応フレーズの練習です。

---

1 どんな息子さんか教えていただけますか？

Could you describe him?
クジュ　ディスクライ(ブ)　ヒ(ム)

▶「詳細に説明する」describe

👉 him は息子に当たる代名詞。何色の服を着て、背はどのくらいなど、迷子の特徴を聞き出すことができます。

---

2 ご年齢をお伺いしてもいいですか？

May I ask how old?
メイアイアス(ク)　ハゥオーゥ(ドゥ)

▶「～をお伺いしてもいいですか？」May I ask ～？

👉 how old で「何歳か」の意味です。

---

3 娘さんの名前を教えていただけますか？

May I have your daughter's name?
メイアイヘァ(ヴ)　ユァ　ドータァ(ズ)　ネイ(ム)

▶「娘」daughter　🔄 [son：息子]

👉 your daughter's を her「彼女の」に置き換えても OK です。アメリカ英語は「ドーラァ」に聞こえます。

緊急

4 見に行ってまいります。

We'll go and see.
ウィーゥ ゴゥエン(ドゥ)スィー

▶「見に行く」go and see

☞ We は「当施設」の意味。私どものスタッフが見に行くという意味になります。

5 こちらにいていただけますか。

Could you stay here?
クジュ ステイ ヒァ

▶「とどまる」stay

☞ 見つかるまで、迷子の連絡をした場所（カウンター等）を離れないでください と親御さんに伝える際のフレーズです。

🖊 お役立ちメモ

　見知らぬ土地で自分の子供が迷子になるのは親御さんにとって気が気でないこととお察しします。緊急事態の一つなので、単語少なめで短いフレーズを用意しました。迷子で気をつけなくてはならないのは、連絡したカウンターを親御さんがお子さんのことを心配に思うが故に離れてしまうことです。親御さんがその場を離れてしまうと、せっかく見つかってもなかなか親御さんに会えないので、親御さんにこの場所にとどまっていただくよう、お願いするフレーズも載せました。

UNIT 78 地震・津波

地震・津波が発生したときを想定したフレーズの練習です。

1 地震だ！

イッツ ァン アー(トゥ)クェイ(ク)
It's an earthquake!

▶「地震」earthquake

☞ 揺れた際、いち早く「地震です」というときのフレーズです。

2 津波が来ます。

ァ ツ ナ ミ イズ カミン(グ)
A tsunami is coming.

▶「津波」tsunami

☞ ～ is coming で「～が来ている」の意味。～には人、乗り物などが入る場合もあります。

3 窓から離れてください。

プリー(ズ) ステイ アウェイ フラ(ム) ダ ウィンドウ
Please stay away from the window.

▶「離れる」stay away 「～から」from
🔄 [display cases：商品棚] [seaside：海辺]

☞ 地震になったときなすべき行動として、倒れそうなもの、海辺には近づかないことですね。

196

緊 急

4 より高いところへ逃げてください。

クイッ(ク)リー エスケイ(プ) トゥ ハ イァ プレイスィ(ズ)
Quickly escape to higher places.

▶「より高いところ」higher places 「逃げる」escape

> place は一般的な場所を表す単語。建物の外でも中でも使えます。to higher や higher のみを繰り返すのも有りと考えます。

5 頭に気をつけてください。

ウァッチ ユァ ヘッ(ドゥ)
Watch your head.

▶「気を付ける」watch

> 地震のときは頭上からの落下物が多いので、このように伝えます。

お役立ちメモ

　2011年3月11日以来、地震・津波についてはテレビのニュースも細かく伝えるようになりました。日本は元々火山が多く、地震が多い国です。海外の国や地域によっては、地震がまったくないところもあるようで、少しの揺れでびっくりしてしまうお客様がいます。このUNITでは地震・津波が発生したときを想定したフレーズの練習をします。高い所へ逃げる、商品棚・家具類・海辺に近づかないも英語で練習できます。日頃から練習して備えておきましょう。

UNIT 79 大雨・台風

大雨・台風発生時の指示・案内のフレーズを練習します。

1 今週末、大型台風がやってくるようです。

ディス ウィーケン(ドゥ) ア ヒュー(ジ) タイフーン ウィゥ カ(ム)
This weekend, a huge typhoon will come.

▶「今週末」this weekend 「大型台風」huge typhoon

　巨大は big としても OK です。

2 今晩雨がひどくなるようです。

ウィーゥ ヘァ(ヴ) ヘヴィ レイン トゥナイ(トゥ)
We'll have heavy rain tonight.

▶「ひどい」heavy

　heavy は「重い」という意味でよく使われますが、雨がひどいときにも使われます。

3 外は激しい雷雨です。

イッツァ テリボゥ サンダァストー(ム)
It's a terrible thunderstorm.

▶「雷雨」thunderstorm

　terrible は「恐ろしい」の意味。

緊　急

4 外出は控えたほうがいいですよ。

ユー　シュドゥン(トゥ)　ゴゥアウトゥサイ(ドゥ)
You shouldn't go outside.

▶「外出する」go outside

☞ shouldn't は「～すべきではない」という少々強い口調になりますが、非常時にはそれも必要と考え出しました。

5 ひどい暴風雨のため、建物の中にいてください。

プリー(ズ)　ステイ インサイ(ドゥ)　イッツ　ストーミィアウトゥサイ(ドゥ)
Please stay inside, it's stormy outside.

▶「暴風雨の」stormy　「建物の中にいる」stay inside

☞ 落下物によるケガを未然に防ぐために練習しましょう。

📝 お役立ちメモ

　主に宿泊施設内でのご案内を想定してフレーズを用意しました。外出を控えたほうが良い、風が強いので建物の中にいてくださいといった案内や指示を多く行うと思います。もしも、海外のお客様の中で予定を狂わせたくないあまり、このくらいの雨や風と思って油断してしまう方がいた場合、毅然とYou shouldn't go outside.「外に出るべきではない」といった強い口調での案内も時には必要かもしれません。嵐は過ぎ去るもの。時間が経てばまた心地良い晴れの日が戻ってきます。お客様もそう思って外出を控えてくださるとありがたいですね。

UNIT 80 火災

火災が起きたときを想定した案内・指示の練習です。

1 火事だ！

イッツ ァ ファイア
It's a fire!

▶「火事」fire

☞ 強めに発音します！

2 落ち着いてください。

ステイ カー（ム）
Stay calm.

▶「落ち着いて」calm

☞ 非常時には少ない単語のほうが助かりますね。

3 外へ避難します。

ウィー ウィゥイヴァキュエイ(トゥ) ダ ビゥディン(グ)
We will evacuate the building.

▶「避難する」evacuate

☞ 避難誘導もできるようになりましょう。

緊 急

4 手で口を覆ってください。

カヴァ ユァ マゥ(トゥ)ウィ(ドゥ) ユァ ヘァン(ドゥ)
Cover your mouth with your hand.

▶「覆う」cover 「手で」with your hand

☞ とっさには出てこない英語ですが、自分のフレーズ集にいれておきましょう。

5 私についてきてください。

ファロゥ ミー プリー(ズ)
Follow me, please.

▶「ついてくる」follow

☞ 避難場所へ誘導するときのお決まりフレーズ。シンプルに短い単語量で誘導しましょう。

🖊 お役立ちメモ

　私はラッキーなことに今までに火災現場に遭遇したことがありませんでした。このため、ここにあるフレーズは想像ベースで用意したものばかりで、本当にお役に立てるか不安ですが、ぜひ練習して備えていただけたらありがたいです。例えば、Stay calm.「落ち着いてください」や、evacuate from the building「建物から避難する」、Follow me, please.「私についてきてください」は、地震のときにも使えるフレーズです。備えは必要ですが、起こってほしくないことを祈るばかりです。

INDEX キーワード索引

フレーズを検索するときにキーワードになりそうな言葉をピックアップしています。すぐに調べたいときに役立ててください。

あ

相席	96
空いている	159/160
開いてる	166
会う	43
青	72
明るい	72
開く	167
明日	159/162
預かる	94/170
預ける	182
温める	127
頭	197
～あたり	58/76
あちら(に)	52/58/143/170
熱い	104
あの	151
雨(の)	40/198
歩み	187
歩いて10分ほど	147
歩く	47
アレルギー	100
アレンジする	77
アロママッサージ	161
暗証番号	57
案内する	78/149
いい	38
EMS	122
言う	27
いかが(されますか)	39/79/117
～行きの	150
行く	39
遺失物係(取扱所)	165/191
医者に診てもらう	187
一日につき～回	188
10,000円	54
1階	52
いっしょに	55/64
一歩	187
移動する	176
胃にもたれる	140
今	146
いる	41
刺青	103
入れる	106
飲酒	183
受け付ける	56
受け取る	61
売る	138
駅	136/147
駅から	144
エラーサイン	56
選ぶ	115
得られる	102
おいしい	133
覆う	201
大型台風	198
大声で話す	180
大通り	145
大雪	41
お金	171
おかゆ	140
錠	188
お客様	18/28/31/34/44/46/56/61/192
送る	120/193
遅れる	41
お越しになる	28
お札	106
お支払いできます	53
おしぼり	98
押す	152
お好きな席	97
恐れ入りますが	58
恐ろしい	37
落ち着いて	200
おつり	55
お手洗い	134
お手伝い(する)	26/29/44
お寺	39
お電話を切らずに待つ	24
大人	108
お取り寄せする	81
オフィス	144
覚えている	190
お待ちください	164

202

お土産 … 38	カン … 112	クレジットカード … 54/56
おめでとうございます・162	感謝する … 28	黒 … 72
重い … 100	感謝の気持ち … 61	計算する … 64
主な … 56	完全に … 146	限界 … 63
おやすみなさい … 43	聞く … 37	現金(で支払う) … 54/158
折り畳み式の … 75	危険物 … 124	ご案内する … 46
お忘れになったと思います	貴重品 … 95/171	コイン … 106
… 192	喫煙(所) … 96/176	コインランドリー … 137
か	気遣う … 31	硬貨 … 58
カード … 153	切符 … 152	航空便 … 122
カードが受付される … 56	気にする … 61	合計 … 54/60
改札 … 145	記入する … 114	声をかける … 99
外出する … 182/199	昨日 … 41	コート … 94
階段 … 47	決まり … 61	国際小包 … 122
買う … 106/108/138/142	規約により … 64	午後 … 40
カウンター … 97	キャンセル料 … 65	ここから … 152
顔 … 69	今日 … 40	ここに書く … 33
鏡で … 78	今日中に … 192	心のこもったサービス・132
書留 … 125	協力 … 29	ご自由にどうぞ … 110
書く … 123	巨大な … 198	故障(内容) … 116
確認する … 64/80/101/116	切る … 104	こちらが～です … 54/72
120/124/126/154/190/192	着る … 68	こちらに来る … 22
確保する … 111	気を付ける … 40/197	こちらのもの … 190
傘 … 40	禁煙 … 96	異なる … 119
火事 … 200	金額 … 62	この近くに … 141/142
風の強い … 40	金庫 … 192	この電車 … 151
～が出ています … 56	空欄を埋める … 123	この通りをまっすぐ … 148
角 … 135/148	串 … 105	このように … 68/104
可能 … 177/178	薬 … 100	コピーを取る … 136
～が入っている … 100	薬屋 … 144	ごま油 … 102
～が必要である … 117	果物 … 142	ゴミ … 112
髪を切ってもらう … 160	口 … 201	ゴミ箱 … 113
～が目的で … 116	靴を脱ぐ … 182	ゴミを持ち帰る … 113
～がよろしいでしょうか … 74	曇りの … 40	これら３つ … 62
～から … 196	クリーム … 69	今週末 … 198
殻 … 105	来る … 132	コンパクトな … 74
軽い … 71	車 … 114	今晩 … 198

203

INDEX

コンビニ……………136/168
今夜…………………… 41

さ

サービス料…………… 60
在庫…………………… 80
最後尾………………… 23
在庫を切らす………… 80
祭日…………………… 167
最終入館…………35/166
サイズ……………76/124
最大…………………… 122
再度………………43/64
再度電話する………… 164
財布……………165/192
探す………………27/141
魚……………………… 103
支える………………… 45
～させていただけないでしょうか……………… 84
～させてください
　……………61/64/124
撮影禁止エリア……… 179
さようなら…………… 42
皿……………………… 110
三階…………………… 176
残念(ながら)………37/85
サンプル……………… 82
シェフ………………… 101
塩……………………… 102
市外在住者…………… 109
指示…………………… 152
地震…………………… 196
静かに………………… 180
従う…………………… 152
～したほうがよい…… 41
試着室………………… 78
試着する……………… 78

しっかりと…………… 45
実際は………………… 60
実は…………………… 162
失礼いたします……… 192
指定席チケット……… 154
～してくださり(本当に)ありがとうございます ……28/132
～してほしいですか… 82
～してまいります…… 80
～して申し訳ございません
　……………………… 34
～してもよろしいでしょうか
　……………………… 96
自動販売機…106/108/143
市内在住者…………… 109
支払う………………52/54
しばらくの間～する… 25
地味な………………… 73
SIMカード…………… 168
地元料理……………… 141
写真撮影(する)……… 178
～しやすい…………… 71
シャツ………………… 74
邪魔する……………… 34
習慣…………………… 60
従業員………………… 46
住所……………114/120
就寝前に……………… 188
充電する……………… 181
拾得係………………… 165
自由に取る…………… 105
修理…………………… 116
修行僧………………… 183
種類…………………… 115
瞬間…………………… 24
準備ができる………… 160
準備する……………… 162

詳細に……………120/194
少々…………………… 96
使用済みの…………… 110
丈夫な………………… 71
しょうゆ……………… 104
食事……………180/188
署名…………………… 57
知らせる……………… 156
シルク………………… 70
信号…………………… 145
信じがたい…………… 37
新鮮な………………… 142
心配する……………… 31
シンプルな…………… 74
スイーツ……………… 138
スーパー……………… 142
数分以内に…………… 127
過ぎる……………35/114
すぐに…………53/80/126
少し…………………… 73
少しの間……………… 24
進む…………………… 22
すすめる………98/125/140
スタッフ……………… 46
素敵な………………… 42
素晴らしい…………… 42
～するのにお待ちいただく時間はありますか … 116
～する必要ないですよ… 31
座る…………………… 23
税金…………………… 60
成分…………………… 101
席……………………… 111
席の空き状況………… 155
席を予約する………… 159
接客中………………… 164
接近する……………… 41

204

説明する……………194	チップを与えること……60	〜という……………119
セルフサービスで……105	チャージ……………153	どう(やって)…………147
扇子…………………138	着払い………………121	どうも…………………28
洗濯機で洗える…………70	注文………………64/111	〜と感じる……………142
洗濯場………………137	注文が決まる…………99	特徴を教える…………190
送料…………………125	ちょうど……………141	特に…………………103
速達…………………125	追跡する……………123	特別に…………………65
外……………………199	ついてくる……………201	どこで〜すればいいですか
ソフトドリンク………103	使う……………………68	……………158
た	次のバス……………156	どこで〜できますか
大………………………76	つける………………104	………138/143
滞在する………………41	包み…………………188	どこに………………146
大丈夫………………186	つづる………………162	どちらで……………190
台風……………………41	津波…………………196	特急…………………155
大変失礼いたしました 126	つゆ…………………104	トッピング…………107
タオル……………108/182	提示する……………114	とどまる……………195
宅配便………………193	ディスカウントする……65	どのバス……………157
ただいま………………80	テーブル…………53/192	どのように……………44
立ち入る……………181	テーブルを用意する……96	止まる…………………47
立つ……………………46	テーブルを予約する…163	友達…………………162
タッチする……111/153	〜できない……………85	ドライバー…………158
建物…………………144	〜できますか…………186	トラブル……………164
建物の中にいる………199	手違い………………126	取り替える……………85
楽しみ…………………30	手伝い…………………27	取りに来る………170/192
楽しむ…………………38	手で…………………201	取り外し可能な………75
頼む…………………139	手荷物…………………26	ドル……………………59
旅………………………42	デパート……………138	トレー………………110
食べ物(食物)………38/100	出る…………………193	どれを…………………82
食べる………………140	テレフォンカード……168	**な**
試す……………………79	手を洗う……………135	中……………………22 104
たれ…………………104	店員……………………98	長い……………………74
誕生日………………162	電車……………………41	長い間〜する…………25
担当者………………164	電車を〜で乗り換える 150	中に………………124/171
地域により…………119	電池を交換する…………68	長持ちする……………71
小さい…………………76	伝票………………121/123	なくす………………165
チケット……………106	電話する……………162	〜なさらないでください‥61
地図…………………149	電話番号……………114	ナッツアレルギーである‥100

205

INDEX

何かサプライズ……… 162	配送サービス……… 118	避難する……………… 200
何グラム……………… 76	配送する……………… 118	皮膚…………………… 189
名前……… 20/94/163/194	配送料………………… 119	100パーセント……… 70
軟膏…………………… 189	博物館………………… 149	ビュッフェ…………… 110
何時……………… 154/167	激しい………………… 198	ピンク………………… 72
何時間………………… 114	始める………………… 47	風鈴…………………… 138
何時ごろ………… 170/190	場所…………………… 148	不可能な……………… 58
何時に………………… 161	バスターミナル……… 158	服……………………… 142
何時まで……………… 166	バスタブ……………… 182	袋……………………… 83
何名様…………… 154/161	バス停………………… 156	袋詰めする…………… 110
2階……………… 52/134	バスに乗る…………… 158	船便で………………… 122
〜にカメラを向ける… 183	バス乗り場…………… 158	プラグ………………… 136
逃げる………………… 197	パスポート………… 59/192	フラッシュ…………… 179
2〜3滴……………… 69	パスワード…………… 169	プリペイド式の……… 168
〜につかまる………… 45	パソコン……………… 164	フルーツ……………… 140
〜につなぎます……… 164	肌寒い………………… 142	プレゼント用に包む… 82
二番目の………… 145/148	〜発…………………… 159	フロント……………… 182
日本の………………… 139	〜はできません	分別する……………… 112
日本の食べ物………… 38	………………… 177/178/180	〜へ…………………… 124
荷物…………………… 171	〜はどうですか？…… 38	〜へ行く……………… 147
入荷する……………… 81	〜はどこで買えますか・ 168	ベージュ……………… 72
入手できる…………… 168	〜はどこですか……… 137	ベジタリアン（菜食主義者）
入浴券………………… 108	〜はどちらですか…… 134	…………………………… 102
入浴する……………… 183	話……………………… 84	ペットボトル………… 112
〜により……………… 61	離れる…………… 154/196	別々の………………… 83
塗る…………………… 189	〜は有料……………… 118	部屋の鍵……………… 182
値引き（する）……… 62	バラ…………………… 77	返却時間……………… 115
ノートパソコン……… 117	ハラル料理…………… 102	返却する……………… 110
望む…………………… 43	晴れの………………… 40	返金する……………… 64
〜の反対側…………… 144	番号札………………… 95	返品を受ける………… 85
上る…………………… 47	絆創膏………………… 189	防水加工の…………… 70
飲み物…………… 108/143	半袖の………………… 74	包装…………………… 82
は	美術館………………… 149	包装紙………………… 82
〜はありますか？…… 169	左……………………… 145	暴風の………………… 199
〜はいかがですか…… 103	左に曲がる…………… 148	保管する……………… 192
灰皿…………………… 176	必要……… 27/83/142/189	ボタン………………… 152
配送業者……………… 119	ひどい………………… 198	発疹…………………… 100

ホテル……………41/114	持ち物………………… 94	両替する………………58
〜程…………………… 21	戻る………………80/170	料金………………… 109
本日の………………… 98	物 …………………… 120	利用できる………… 102
本当に……………28/132	最寄りの…………… 156	料理………………… 133
本屋………………… 139	問題………………… 164	冷蔵の……………… 121
ま	問題ない……………… 31	冷凍の……………… 121
まず…………………… 84	**や**	レート………………… 59
また…………………… 43	約 …………………… 122	レジ…………………… 52
待つ…………… 22/24/160	野菜………………… 102	レシート………55/57/84
〜まで……… 152/171/192	休み………………… 167	レストラン………… 140
窓 …………………… 196	有効期限切れ………… 56	列を作る……………… 22
間もなく……………… 96	郵便番号…………… 120	レンタルする……… 114
漫画本……………… 139	有料…………………… 82	ロッカー…………… 170
満席…………………… 21	ゆっくり話す………… 33	**わ**
右 …………………… 145	許す…………………… 32	Wi-Fi………………… 164
右側に………………… 46	良いサービス……… 132	わかりました……… 100
右へ曲がる…………… 47	用意する…………110/126	私に〜して欲しいですか？
満たす(給油する)…… 111	用意できる………… 127	………………………… 26
道に迷う…………… 146	ようこそ……………… 19	割れやすい………… 121
3つ穴の…………… 136	よかった……………… 36	〜を案内します…… 139
見つける……………… 38	予約(する)	〜をお伺いしてもいいですか
見に行く…………… 195	………… 20/94/155/161	………………… 163/194
身分証明書………… 114	予約がいっぱい…… 160	〜をお持ちします…… 53
見る…………………… 59	より高いところ…… 197	〜を聞く……………… 84
〜向け……………… 124	より速い…………… 123	〜を差し上げる…… 169
息子………………… 139	喜び…………………… 30	〜を必要とする……… 44
娘 …………………… 194	**ら**	〜を減らす…………… 63
無料(の)…………82/170	ラーメン…………102/107	
無料トッピング…… 105	雷雨………………… 198	
メニュー……………… 98	来週…………………… 81	
麺 …………………… 104	ラストオーダー……35/166	
〜も………………… 103	ランチ………………… 98	
もう一度繰り返す…… 32	理解する……………… 36	
申し訳ございません… 160	リストに書く……… 120	
もう少し……………… 22	リボン………………… 82	
燃えるゴミ………… 112	量 ……………… 76/124	
持ち運ぶ……………… 71	両替機………………… 58	

207

●著者紹介
佐野なおこ　Sano Naoko

初心者限定の接客英会話専門の教室「横浜サワディーブリッジ」を主宰。25歳のときにタイの首都・バンコクへ渡り、四~五つ星クラスのホテルにてコンシェルジュとして勤務。日本・世界各国のビジネスマン、VIPの接遇にあたる。そのほかにも技術翻訳やアテンドなど英語を使った仕事に18年間従事。約70カ国の外国人ゲストと英語で言葉を交わす。日本英語検定協会通信講座「~お客様は外国人~おもてなし英会話入門」監修。

本書へのご意見・ご感想は下記 URL までお寄せください。
http://www.jresearch.co.jp/kansou/

カバーデザイン	花本浩一（KIRIN-KAN）
本文デザイン／DTP	ポイントライン
本文イラスト	佐田みそ
カバーイラスト	素材 Good
音声録音・編集	一般財団法人　英語教育協議会（ELEC）
CD 制作	高速録音株式会社

とっさに使えるカンタン接客英会話

平成28（2016年）3月10日　初版第1刷発行

著　者　佐野なおこ
発行人　福田富与
発行所　有限会社 Jリサーチ出版
　　　　〒166-0002　東京都杉並区高円寺北2-29-14-705
　　　　電　話　03(6808)8801(代)　FAX 03(5364)5310
　　　　編集部　03(6808)8806
　　　　http://www.jresearch.co.jp
印刷所　株式会社 シナノ パブリッシング プレス

ISBN978-4-86392-267-9　禁無断転載。なお、乱丁・落丁はお取り替えいたします。
©2016 Naoko Sano, All rights reserved.